RHEINISCH WESTFÄLISCHE AKADEMIE DER WISSENSCHAFTEN

Rheinisch-Westfälische Akademie der Wissenschaften

Geisteswissenschaften Vorträge · G 265

Herausgegeben von der
Rheinisch-Westfälischen Akademie der Wissenschaften

Werner Flume

d. d. d.

PAUL MIKAT

# Zur Diskussion um die Lehre vom Vorrang der effektiven Staatsangehörigkeit

Westdeutscher Verlag

258. Sitzung am 24. Juni 1981 in Düsseldorf

CIP-Kurztitelaufnahme der Deutschen Bibliothek

**Mikat, Paul:**
Zur Diskussion um die Lehre vom Vorrang der effektiven Staatsangehörigkeit / Paul Mikat. – Opladen: Westdeutscher Verlag, 1983.
(Vorträge / Rheinisch-Westfälische Akademie der Wissenschaften: Geisteswiss.; G 265)

NE: Rheinisch-Westfälische Akademie der Wissenschaften (Düsseldorf): Vorträge / Geisteswissenschaften


Softcover reprint of the hardcover 1st edition 1983
Herstellung: Westdeutscher Verlag
Satz, Druck und buchbinderische Verarbeitung: Boss-Druck, Kleve

ISSN 0172–2093
ISBN-13: 978-3-531-07265-4 e-ISBN-13: 978-3-322-86463-5
DOI: 10.1007/978-3-322-86463-5

# I.

In einer Zeit, in der Länder und Kontinente zusammenrücken, in der immer mehr Menschen ihren Lebensunterhalt außerhalb ihres Heimatlandes verdienen und in der politische wie wirtschaftliche Zwänge zu Flucht- und Vertreibungsbewegungen mit weltweiten Auswirkungen führen, nimmt die Zahl der Personen, die mehr als nur eine Staatsangehörigkeit besitzen, ständig zu. Allein in der Bundesrepublik Deutschland wurden im Jahre 1971 bereits über 10 000 Kinder als Mehrstaater geboren[1]. Sollten Bestrebungen, den in der Bundesrepublik Deutschland geborenen Kindern ausländischer Nationalität nach einer gewissen Aufenthaltszeit einen Anspruch auf den Erwerb der deutschen Staatsangehörigkeit zu geben, Gesetz werden, ohne daß damit ein Verzicht auf die bisherige Staatsangehörigkeit zwingend verbunden wäre, so würde die Zahl der deutschen Doppel- oder Mehrstaater zusätzlich erheblich steigen.

Welches Recht auf den Mehrstaater (– in der älteren Terminologie begegnet er uns überwiegend unter dem Begriff „sujet mixte" –) anzuwenden war, das war zur Zeit des Inkrafttretens des Bürgerlichen Gesetzbuches und des Einführungsgesetzes zum Bürgerlichen Gesetzbuch rechtsdogmatisch zwar interessant, jedoch auf Grund der verhältnismäßig kleinen Zahl der betroffenen Personen von nur geringer praktischer Relevanz. Heute jedoch können Rechtsprechung und Rechtswissenschaft sich nicht mehr mit der lapidaren Feststellung LUDWIG VON BAR's aus dem Jahre 1914 begnügen: „Ein mehrfaches gleichzeitiges Untertanenverhältnis derselben Person ... ist in Bezug auf mehrere vollkommen souverän sich gegenübertretende Staaten richtiger nicht als rechtlich möglich anzunehmen."[2]

Vielfältig sind die Gründe für den stetigen Anstieg der Zahl der Mehrstaater; einige besonders ins Gewicht fallende Beispiele (– weitere Fallgruppen ließen sich anführen –) mögen das verdeutlichen:

[1] So die Mitteilung von P. H. NEUHAUS, Die Grundbegriffe des internationalen Privatrechts, 2. Aufl., Berlin 1976, S. 212 Anm. 582; vgl. ferner auch die Nachweise über die Zahl der gemischt-nationalen Ehen und über die Zahl der Geburten aus diesen Ehen in dem Beschluß des Bundesverfassungsgerichts (= BVerfG) vom 21. 5. 1974, in: BVerfGE 37, S. 217, insbesondere S. 222f. = FamRZ 1974, S. 579.

[2] L. v. BAR, Internationales Privatrecht, Sonderabdruck aus Bd. II: Enzyklopädie der Rechtswissenschaft in systematischer Bearbeitung, 7. Aufl., München und Leipzig, Berlin 1914, S. 214; vgl. auch *ders.*, Theorie und Praxis des internationalen Privatrechts, 1. Bd., 2. Aufl., Hannover 1889, S. 257f.

– In einem Land, das seine Staatsangehörigkeit nach dem Grundsatz des ius soli verleiht[3], wird ein Kind geboren, dessen Eltern einem Staat angehören, der dem Abstammungsprinzip, dem ius sanguinis, folgt[4]. So gelangt ein Kind deutscher Eltern, die sich bei seiner Geburt im angelsächsischen Rechtskreis aufhalten, zu zweifacher Staatsangehörigkeit.

– Ähnlich kann es sich verhalten, wenn die Eltern unterschiedliche Staatsangehörigkeiten besitzen und die jeweiligen Heimatstaaten von Vater und Mutter unabhängig voneinander dem Kind ihre Staatsangehörigkeit verleihen. Dieses Problem hat gerade in Deutschland bis zur Entscheidung des Bundesverfassungsgerichts vom 21. 5. 1974[5] und auch noch danach zu recht heftigen Auseinandersetzungen geführt. Während z. B. FRITZ STURM in seinem Beitrag „Deutsch wie Vater oder Mutter“[6] diesen Beschluß des Bundesverfassungsgerichts unter anderem mit Hinweis auf die Gleichberechtigung der Frau ausdrücklich begrüßt und die frühere Vaterfolge als „Fossil aus archaischer Zeit“ bezeichnet, vertritt GERHARD KEGEL die Auffassung, mit der vom Bundesverfassungsgericht erzwungenen Änderung des Reichs- und Staatsangehörigkeitsgesetzes, das alle ehelichen Kinder jedes deutschen Elternteils zu Deutschen macht, seien „die Mehrstaater unnötig vermehrt“ worden[7], eine Wertung der Mehrfachstaatsangehörigkeit, wie wir sie noch vor der Entscheidung des Bundesverfassungsgerichts schon bei HERMANN MOSLER finden[8], der ungeachtet seines Plädoyers für die Gleichbehandlung von Mann und Frau

[3] Vgl. die Beispiele bei A. N. MAKAROV, Deutsches Staatsangehörigkeitsrecht, 2. Aufl., Frankfurt 1971, S. 47 (im folgenden = MAKAROV, Deutsches Staatsangehörigkeitsrecht).

[4] Vgl. auch hier die entsprechenden Beispiele bei MAKAROV, Deutsches Staatsangehörigkeitsrecht, S. 49ff.

[5] Das BVerfG hatte in dem Verfahren, das zum bedeutsamen Beschluß des Ersten Senates vom 21. Mai 1974 führte, über zwei Vorlagen zu entscheiden, die die Verfassungsmäßigkeit der gesetzlichen Regelung über den Erwerb der deutschen Staatsangehörigkeit durch eheliche Kinder, bei denen nur die Mutter die deutsche Staatsangehörigkeit besitzt, betrafen; es gelangte zu der Entscheidung: „1. § 4 Absatz 1 des Reichs- und Staatsangehörigkeitsgesetzes vom 22. Juli 1913 (Reichsgesetzbl. S. 583), ergänzt durch Artikel 1 des Gesetzes zur Änderung des Reichs- und Staatsangehörigkeitsgesetzes vom 19. Dezember 1963 (Bundesgesetzbl. I S. 982), ist mit Artikel 3 Absatz 1 sowie mit Art. 3 Absatz 2 in Verbindung mit Artikel 6 Absatz 2 des Grundgesetzes unvereinbar, soweit danach das eheliche Kind einer deutschen Mutter und eines ausländischen Vaters die deutsche Staatsangehörigkeit nicht unter den gleichen Voraussetzungen erwirbt wie das eheliche Kind eines deutschen Vaters und einer ausländischen Mutter. 2. Soweit nach der in 1. genannten Regelung eheliche Kinder mit nur einem deutschen Elternteil durch die Geburt die deutsche Staatsangehörigkeit erwerben, gilt dies bis zu einer neuen gesetzlichen Regelung weiter“, BVerfGE 37, S. 217f.

[6] F. STURM, Deutsch wie Vater oder Mutter, Zum Beschluß des Bundesverfassungsgerichts vom 21.5.1974 und einer lex ferenda, in: FamRZ 1974, S. 617ff. (im folgenden = STURM, Deutsch wie Vater oder Mutter); vgl. hier auch die Wiedergabe der kontroversen Positionen.

[7] G. KEGEL, Internationales Privatrecht, 4. Aufl., München 1977, S. 201.

[8] H. MOSLER, Gleichheit der Eltern beim Erwerb der Staatsangehörigkeit der Kinder, in: Festschrift für ULRICH SCHEUNER, Berlin 1973, S. 473ff.

doppelte und mehrfache Staatsangehörigkeiten als „unerwünscht“ bezeichnet und daher dem Gesetzgeber andere Lösungen als die „undifferenzierte Hinzufügung der Mutter als Anknüpfungsmoment“ vorschlägt; im einzelnen führt MOSLER aus: „Im übrigen hängt die Antwort auf die Frage, ob und in welchem Umfang doppelte und mehrfache Staatsangehörigkeit von Übel sind, von dem materiellen Inhalt ab, den die Gesetzgebung der einzelnen beteiligten Staaten mit dem Staatsangehörigkeitsstatus verbindet. Diese Erkenntnis hat in der neueren Literatur zu differenzierteren Erwägungen als der traditionellen allgemeinen Verurteilung des doppelten oder mehrfachen Status geführt. Der Besitz von mehr als einer Staatsangehörigkeit muß nicht notwendigerweise im konkreten Fall zu Schwierigkeiten führen; es können Lösungen gefunden werden, die, ohne den Status selbst anzutasten, das konkrete Rechtsverhältnis konfliktfrei gestalten. Zum Beispiel kann weitestgehende Inländerbehandlung und Rechtsangleichung, besonders in Gruppen von Staaten, die sich enger zusammenschließen, das Problem in wichtigen Bereichen entschärfen. In diesem Zusammenhang sei insbesondere auf die Freizügigkeit der Arbeitnehmer und die Niederlassungsfreiheit im Gemeinsamen Markt der Europäischen Neunergemeinschaft hingewiesen. Die Nivellierung der Unterschiede wird um so schwieriger, je mehr der materielle Inhalt der Staatsangehörigkeit auf den Staat als politische Einheit gerichtet ist und je größer der Kreis der Staaten ist, innerhalb dessen die verschiedenen materiellen Wirkungen harmonisiert werden sollen. Trotzdem bleibt es dabei, daß doppelte und mehrfache Staatsangehörigkeit unerwünscht sind, zumal der vertragliche Ausschluß von Kollisionen und die internationale Harmonisierung der Gesetzgebung nur mühsam und in einzelnen Bereichen an Boden gewinnen.“[9]

– Zu diesen Mehrfachstaatsangehörigkeiten von Geburt an kommen diejenigen Fälle, in denen später eine weitere Staatsangehörigkeit hinzuerworben wird, ohne daß die bisherige erlischt, eine Häufung von Staatsangehörigkeiten, die wir in Deutschland insbesondere durch die Heirat deutscher Frauen mit ausländischen Ehegatten in steigender Zahl kennen[10].

– Der völkerrechtlich besonders schwierige Fall, daß zwei Staaten die Bewohner eines bestimmten Gebietes für sich als Bürger in Anspruch nehmen, sei nur am Rande erwähnt.

GUNTHER KÜHNE verzeichnet insgesamt im neueren Staatsangehörigkeitsrecht eine Tendenz, die Gründe für den Erwerb einer Staatsangehörigkeit zu erweitern

[9] MOSLER, a.a.O., S. 485f.
[10] Vgl. die Nachweise in dem Beschluß des BVerfG v. 21.5.1974, in: BVerfGE 37, S. 222.

und die Verlustgründe einzuschränken[11]. Beiläufig sei noch angemerkt, daß wir nicht nur Doppelstaater, also Mehrstaater mit zwei Staatsangehörigkeiten kennen, sondern auch Mehrstaater mit mehr als zwei Staatsangehörigkeiten; so hatte sich das Bayerische Oberste Landesgericht in seinem Beschluß vom 29. 6. 1978[12] mit dem Problem zu befassen, welches Recht bei Adoption durch einen Deutsch-Peruaner-Bolivianer maßgeblich ist.

## II.

Schwerpunkt unserer folgenden Ausführungen wird zunächst die Frage sein, zu welchen Lösungen Rechtsprechung und Rechtslehre hinsichtlich des Problems des auf den deutschen Mehrstaater anzuwendenden Rechts im Laufe der Entwicklung gelangt sind. Rechtsprechung und Rechtswissenschaft hatten sich mit dieser Frage besonders deshalb auseinanderzusetzen, weil das Problem der rechtlichen Behandlung konkurrierender Staatsangehörigkeiten im Gesetz selbst nicht angesprochen wurde. Bekanntlich hat das Internationale Privatrecht im Einführungsgesetz zum Bürgerlichen Gesetzbuch keine umfassende Kodifikation erfahren; WILHELM WENGLER urteilt über die Vorschriften des EGBGB sehr pointiert: „Diese gesetzlichen Bestimmungen stellen weder eine durchdachte und vollständige Regelung dar, noch kann an diesem jämmerlichen Gerüst das aufgehängt werden, was derzeit in Westdeutschland das geltende Recht ist, und was entweder auf völkerrechtliche Verträge oder auf die Bildung von Richterrecht zurückzuführen ist"[13]; und bei FRANK VISCHER heißt es: „Wir müssen eingestehen, daß wohl kein anderer Wissenschaftszweig im Bereich des Rechts auf so unsicheren Fundamenten steht wie das IPR."[14]

Kein Zweifel, das EGBGB ist bruchstückhaft und voller Lücken, nicht zuletzt wirkten sich hier auch gewichtige politische Einflußnahmen aus, so z. B. die Meinung des Reichskanzlers OTTO VON BISMARCK, der sich hinsichtlich zukünftiger zwischenstaatlicher Verträge nicht durch in einem deutschen Gesetzbuch festge-

[11] Vgl. G. KÜHNE, IPR-Gesetzentwurf, Entwurf eines Gesetzes zur Reform des internationalen Privat- und Verfahrensrechts, Heidelberg–Karlsruhe 1980, S. 50 (im folgenden = KÜHNE, IPR-Gesetzentwurf).

[12] BayObLG Beschluß vom 29. 6. 1978, in: BayObLGZ 1978, S. 162 = FamRZ 1979, S. 181 mit folgendem Leitsatz: „Bei einem Annehmenden, der ein deutsches Kind adoptieren will und der neben der deutschen Staatsangehörigkeit auch fremde Staatsangehörigkeiten besitzt (hier: peruanische und bolivianische), ist der deutschen Staatsangehörigkeit der Vorrang zu geben."

[13] W. WENGLER, Internationales Privatrecht, Berlin 1981, S. VII.

[14] F. VISCHER, Wo sollen die Schwerpunkte einer IPR-Reform liegen?, in: Schriftenreihe/Juristische Studiengesellschaft Karlsruhe, Heft 151, Heidelberg 1982, S. 41; R. SOHM, Die Entstehung des deutschen Bürgerlichen Gesetzbuchs, in: DJZ 5 (1900), S. 6 spricht von einem im Reichstag widerspruchslos gebilligten „Torso".

schriebene Normen binden lassen wollte. In einem vertraulichen Schreiben des Auswärtigen Amtes vom 30. 9. 1887 an den Staatssekretär des Reichs-Justizamts Dr. von Schelling heißt es: „Fürst Bismarck ist der Meinung, daß Bestimmungen über das internationale Privatrecht auch nicht in ein Gesetzbuch hineingehören, sondern dem Völkerrecht in seiner fortlaufenden Entwicklung zu überlassen sind. Von dem politischen Standpunkt ist es bedenklich, wenn wir Normen für Beurtheilung internationaler Privatrechtsfragen in einem deutschen Gesetzbuch festlegen und uns dadurch in perpetuum binden. Seine Durchlaucht würde aus diesen Rücksichten nicht in der Lage sein, seine Zustimmung zu der Aufnahme solcher Vorschriften zu ertheilen."[15] Staatssekretär von Schelling reichte dann am 5.10.1887 eine Abschrift des Schreibens an den Vorsitzenden der Kommission zur Ausarbeitung des Entwurfs eines Bürgerlichen Gesetzbuchs, den Wirklichen Geheimen Rath Dr. Pape, weiter mit dem Ersuchen, „den Inhalt des Schreibens zur vertraulichen Kenntnisnahme der Kommission zu bringen . . ."[16].

Doch selbst wenn man diese politischen Einflußnahmen in Rechnung stellt, so bleibt doch auffallend, daß das EGBGB zum Mehrstaater mit seinen Problemen völlig schweigt und, das sei gleich hinzugefügt, bewußt völlig schweigt; der Mehrstaater wurde keineswegs bei der Kodifikationsarbeit übersehen, er fand aber keinen Eingang ins Gesetz, er wurde der Rechtsprechung und Rechtslehre überlassen. So schreibt der um die Kodifikation des EGBGB hochverdiente Albert Gebhard[17] in den Motiven zum ersten Entwurf vom Jahre 1881: „Wie es im Falle einer zweifachen Staatsangehörigkeit zu halten, läßt im allgemeinen sich nicht bestimmen . . . Es kommt auf die Umstände des einzelnen Falles an . . . Dem Ermessen des Richters muß überlassen werden, insoweit das Richtige zu treffen"[18], und

[15] Veröffentlicht in: O. Hartwieg und F. Korkisch, Die geheimen Materialien zur Kodifikation des deutschen Internationalen Privatrechts 1881–1896, hrsg. vom Max-Planck-Institut für ausländisches und internationales Privatrecht, Tübingen 1973, S. 160 (im folgenden = Hartwieg und Korkisch, Die geheimen Materialien).

[16] Hartwieg und Korkisch, Die geheimen Materialien, S. 160.

[17] Gebhard wurde als Großherzoglich Badischer Ministerialrat 1874 in die 1. Kommission berufen und mit der Ausarbeitung des Allgemeinen Teils des BGB beauftragt. Als Redaktor dieses Teils legte er 1881 der Kommission einen Entwurf vor, in dem das IPR die §§ 5–40 bildete.

Gebhard, Sohn eines Gymnasialdirektors, wurde 1832 in Lahr/Baden geboren. 1849 legte er in Karlsruhe das Abitur ab und begann im Wintersemester 1849/1850 in Tübingen das rechtswissenschaftliche Studium, das er später in Göttingen und Heidelberg fortsetzte und 1853 beendete. Am 2. 3. 1854 wurde Gebhard von der Heidelberger juristischen Fakultät zum „Dr. jur." promoviert; eine Dissertation brauchte er hierzu übrigens nicht zu schreiben, es genügten ein lateinisch geschriebener Lebenslauf und zwei Exegesen aus dem kanonischen und römischen Zivilrecht. Die zweite Staatsprüfung legte Gebhard 1856 ab. Nach wechselnder beruflicher Tätigkeit erfolgte 1868 die Berufung in das badische Justizministerium.

[18] Veröffentlicht in: Th. Niemeyer, Zur Vorgeschichte des Internationalen Privatrechts im Deutschen Bürgerlichen Gesetzbuch („Die Gebhardschen Materialien"), München und Leipzig 1915, S. 254f. (im folgenden = Niemeyer, Zur Vorgeschichte des IPR); diese sog. „Motive" sind nicht identisch mit den Motiven der amtlichen Sammlung der Arbeit der 1. Kommission.

GEBHARD bekräftigt seine Auffassung noch einmal 1887 im zweiten Entwurf: „Ein so anomales Verhältnis wie die zweifache Staatsangehörigkeit verträgt keine grundsätzliche Regelung“[19].

Diese Linie GEBHARD's wurde bis zum Schluß der Beratungen, wenn auch nach intensiver und kontroverser Diskussion, durchgehalten. Während die erste[20] und die zweite[21] Kommission den Ausführungen in den GEBHARD'schen Entwürfen ausdrücklich beitraten, vermißte das Reichsland Elsaß-Lothringen, das auf Grund seiner besonderen Situation das größte Interesse an einer ausdrücklichen Regelung dieses Sachverhaltes hatte, eine einschlägige Vorschrift und schlug im Rahmen der Äußerungen der Regierungen der Bundesstaaten bei der zweiten Lesung 1895 im Bundesrat vor, gesetzlich festzuschreiben, daß für das anzuwendende Recht bei Mehrstaatern die zuletzt erworbene Staatsangehörigkeit maßgeblich sei[22].

Weiter noch als der Vorschlag Elsaß-Lothringens, das immerhin inländische und ausländische Staatsangehörigkeit als grundsätzlich gleichwertig ansah und – wenn auch nicht ohne Blick auf das gewünschte Ergebnis – auf die zeitliche Reihenfolge des Erwerbs abstellte, ging der Entwurf des Auswärtigen Amtes. Dort heißt es, abweichend von BISMARCKS früherer Auffassung, wie sie sich in dem vertraulichen Schreiben vom 30.9.1887 niedergeschlagen hatte[23], nunmehr: „Besitzt eine Person die Reichsangehörigkeit und zugleich eine andere Staatsangehörigkeit, so werden ihre Rechtsverhältnisse nach deutschem Recht beurtheilt, so weit die Anwendung der Gesetze sich nach der Staatsangehörigkeit richtet.“[24]

Entscheidend dafür, daß es trotz dieser vielfältigen Einwände bei dem von GEBHARD vorgeschlagenen Regelungsverzicht blieb, dürften die Ausführungen der Vertreter des Reichs-Justizamts gewesen sein. Sie bezweifelten das Bedürfnis für eine solche Regelung; auch äußerten sie Zweifel hinsichtlich der Zweckmäßigkeit, „da sich Fälle denken ließen, in welchen die Anwendbarkeit des ausländischen Rechts allein zu richtigen Ergebnissen führe; man dürfe vertrauen, daß soweit diese Voraussetzung nicht zutreffe, die Rechtsprechung von selbst auf den Boden des Antrags (des Auswärtigen Amtes) treten werde“[25]. Was das Argument des fehlenden Bedürfnisses betrifft, so hat im übrigen HANS-JÜRGEN SONNENBERGER jedenfalls für unsere Zeit auf das Problem schwer erträglicher Rechtsunsicherheit

[19] Wiederum in: NIEMEYER, Zur Vorgeschichte des IPR, S. 368.
[20] Vgl. HARTWIEG und KORKISCH, Die geheimen Materialien, S. 141.
[21] Vgl. die Protokolle der Kommission für die zweite Lesung des Entwurfs des Bürgerlichen Gesetzbuchs, Band VI, Berlin 1899, S. 81 Nr. 408 III (im folgenden = Protokolle, Band VI).
[22] Veröffentlicht in: HARTWIEG und KORKISCH, Die geheimen Materialien, S. 293.
[23] Vgl. oben Anm. 15.
[24] Veröffentlicht in: HARTWIEG und KORKISCH, Die geheimen Materialien, S. 329.
[25] Wiederum in: HARTWIEG und KORKISCH, Die geheimen Materialien, S. 354f.

bei den Betroffenen – zumindest in dem von ihm behandelten Spezialbereich des Versorgungsausgleichs – überzeugend hingewiesen[26].

Das Reichs-Justizamt kannte seine Juristen und konnte sich getrost auf sie verlassen; die Rechtsprechung trat auf den Boden des Antrags des Auswärtigen Amtes, mochte er auch in das Gesetz keine Aufnahme gefunden haben. Die Rechtsprechung folgte diesem Antrag sogar weit eindeutiger und weniger einzelfallorientiert, als die Väter des Gesetzes intendiert hatten; denn diese wollten ja gerade durch die Nichtregelung der Materie den Gerichten einzelfallorientierte Entscheidungsfreiheit belassen.

So stellte das Reichsgericht in einem Urteil vom 11. 3. 1924 fest, daß ein Deutscher (der Drogeriebesitzer L.) mit zugleich schweizerischer Staatsangehörigkeit das Amt eines Geschworenen versehen darf: „Trifft letzteres (deutsche Staatsangehörigkeit) zu, so vermag der Umstand, daß er *daneben* Schweizer Bürger ist, seine Unfähigkeit zum Geschworenenamt nach § 84 GVG nicht zu begründen . . ."[27]; in einem Reichsgerichtsurteil vom 5. 11. 1928 kommt hinsichtlich der Nachlaßregelung eines 1907 in Rangoon gestorbenen Erblassers, bei dem die Vorinstanz offen gelassen hatte, ob er Deutscher, Engländer oder beides war, im Falle deutscher Staatsbürgerschaft „für ein deutsches Gericht nur die Anwendung deutschen Rechts für seine Vererbung . . . in Frage"[28], und in einem Urteil wiederum des IV. Zivilsenates des Reichsgerichts vom 19. 3. 1936 bezüglich der Scheidung einer Deutsch-Französin von ihrem deutsch-französischen Ehemann finden wir in den Entscheidungsgründen die lapidare Feststellung: „Die ausländische Staatsangehörigkeit hat der deutsche Richter in solchem Fall außer Betracht zu lassen."[29]

Auch die Instanzgerichte gaben durchgängig der heimischen Staatsangehörigkeit den Vorrang. Erwähnt sei der Fall des Sohnes eines 1881 an einer preußischen Volksschule angestellten Ungarn; ihm sprach das Kammergericht Berlin in einem Beschluß vom 15. 4. 1932[30] die Berechtigung ab, selbst wenn er wirklich aus dem Geschlecht der ungarischen Erbgrafen von B. stammen sollte, nach dem mit der Anstellung verbundenen Erwerb der preußischen Staatsangehörigkeit durch seinen Vater und damit auch durch ihn noch das ungarische Adelsprädikat Erbgraf

[26] Vgl. H. J. SONNENBERGER, Versorgungsausgleich im Internationalen Privatrecht, in: Festschrift für GÜNTHER BEITZKE, Berlin – New York 1979, S. 739 ff.

[27] Reichsgericht (= RG) Urteil v. 11. 3. 1924, in: JW 1924, S. 1530.

[28] RG Urteil v. 5. 11. 1928, in: JW 1929, S. 434 mit zustimmender Anmerkung von K. NEUMEYER auf S. 434.

[29] RG Urteil v. 19. 3. 1936, in: RGZ 150, S. 382 = JW 1936, S. 1659 mit Anmerkung von F. MASSFELLER, der jedoch das Problem doppelter Staatsangehörigkeit nicht behandelt.

[30] Kammergericht (= KG) Beschluß v. 15. 4. 1932, in: JW 1932, S. 2818 mit im Ergebnis zustimmender, wenn auch zweifelnder Anmerkung von O. OPET auf S. 2818; ebenso wie das KG das Landgericht (= LG) Colmar Beschluß v. 12. 10. 1909, in: ElsLoth JZ Rd. 35, S. 163 für die Geschäftsfähigkeit einer Deutsch-Amerikanerin.

von B. als Bestandteil des Namens zu führen, da die Frage der Namensführung, auch wenn er die ungarische Staatsangehörigkeit – was unklar war – behalten haben sollte, ausschließlich nach preußischem Recht zu beurteilen sei. Die Geburtsurkunde wurde nicht berichtigt; es blieb bei der Eintragung des Familiennamens mit B.

Lediglich mit einer Entscheidung vom 13.3.1924 hatte (– soweit für uns ersichtlich –) das Reichsgericht selbst die geschlossene Phalanx der höchstrichterlichen Rechtsprechung einmal durchbrochen. Zwar zog der erkennende IV. Senat zunächst aus Art. 15 Abs. 1 und Art. 24 „sowie aus anderen Vorschriften des EG", die dann allerdings im einzelnen nicht genannt werden, den Schluß, daß grundsätzlich die inländische Staatsangehörigkeit gegenüber weiteren ausländischen maßgebend sei, ein Grundsatz, den die Väter des Gesetzes, wie die Materialien ausweisen, gerade nicht im EGBGB festschreiben wollten. Freilich unter ausdrücklicher Berufung auf die besonderen Umstände des Falles kommt der Senat zu einer bemerkenswerten Ausnahme vom Prinzip des generellen Vorranges der heimischen Staatsangehörigkeit: Er will in casu den von einem „Auch-Deutschen" im Ausland (– nach den Entscheidungsgründen offenbar im zweiten Heimatstaat –) geschlossenen Ehevertrag dann gemäß dem betreffenden ausländischen Recht beurteilen, wenn die Eheleute ausdrücklich oder stillschweigend auf das ausländische Recht Bezug genommen haben. In dem leider nur in Auszügen veröffentlichten Urteil heißt es: „Bei der Auslegung eines von einem Deutschen im Ausland errichteten Testaments müssen, obwohl an sich deutsches Recht zur Anwendung kommt, doch die Besonderheiten der ausländischen Sprache und des ausländischen Rechtsgebrauchs berücksichtigt werden"[31], eine Feststellung, die das Dilemma des Gerichts wohl am zutreffendsten charakterisiert; denn einerseits will es am Vorrang der inländischen Staatsangehörigkeit grundsätzlich festhalten, andererseits aber ist es darum bemüht, bei aller Grundsatztreue eine an der konkreten Einzelfallgerechtigkeit orientierte Entscheidung zu treffen. Alles in allem: die Rechtsprechung hat im wesentlichen einmütig und (– wie noch darzulegen sein wird –) bis in die jüngste Vergangenheit hinein am Vorrang der heimischen Staatsangehörigkeit festgehalten. In der rechtswissenschaftlichen Literatur begegnen uns zwar schon relativ früh differenziertere Sichten, aber trotz einzelner abweichender Auffassungen bleibt insgesamt doch festzustellen, daß die weitaus überwiegende Mehrzahl der Autoren getreulich der Rechtsprechung folgte[32], so daß für die Zeit

[31] RG v. 13.3.1924, in: LZ 1924, Sp. 741 Nr. 9.

[32] Vgl. C. Barazetti, Das Internationale Privatrecht im Bürgerlichen Gesetzbuche für das Deutsche Reich, Hannover 1897, S. 21; H. Habicht, Internationales Privatrecht nach dem Einführungsgesetze zum Bürgerlichen Gesetzbuche, Aus dem Nachlaß hrsg. von M. Greiff, Berlin 1907, S. 229; E. Letzgus, Die Eheschließung im deutschen internationalen Privatrecht, in: AcP 145 (1939),

bis zum Zusammenbruch des Deutschen Reiches im Jahre 1945 deutlich von einer gefestigten „herrschenden Meinung“ gesprochen werden kann.

Von besonderem Interesse im Rahmen eines historischen Rückblicks dürfte sein, daß im Vergleich zur neueren Literatur und Rechtsprechung andere Schwerpunkte in der Begründung für die Maßgeblichkeit der lex fori gesetzt werden. Während heute der Schwerpunkt in der Argumentation eher auf Gesichtspunkten der Zweckmäßigkeit, der einheitlichen internationalen Praxis und der Einzelfallgerechtigkeit liegt, überwog bei den älteren Autoren ein stark ausgeprägtes Bewußtsein von der Souveränität des eigenen Staates und dem Unterworfensein aller Bürger unter dessen Personalhoheit und Gesetzgebung, wobei in einer gewissen Abgrenzung gegenüber anderen Ländern und Rechtsordnungen ein Verzicht auf die Anwendung des eigenen Rechts als Verzicht auf die Ausübung der vollen Souveränität empfunden wurde.

Aus der Vielzahl der Autoren seien hier lediglich einige, gleichsam repräsentative Wortführer der „herrschenden Meinung“ aus verschiedenen Zeiten genannt. So konstatiert Ernst Zitelmann bereits 1897, daß „der Richter im Zweifel die Konsequenzen der staatsrechtlichen Grundlagen seines eigenen Staates zu ziehen“ hat[33]; Gottlieb Planck schreibt 1901: „Zunächst dürfte auch hier, wenn die betreffende Person die deutsche Reichsangehörigkeit besitzt, diese entscheidend sein“[34], und 1932 betont auch Arthur Nussbaum den Primat der deutschen Staatsangehörigkeit bei der Behandlung des deutschen Mehrstaaters vor einem deutschen Gericht, denn, so meint er, „andernfalls würde der deutsche Richter die volle Wirksamkeit der nach deutschen Gesetzen begründeten deutschen Staatsangehörigkeit in Zweifel ziehen“[35]. 1938 finden wir bei Leo Raape die Feststellung: „Handelt es sich um einen Deutschen, der noch eine zweite Staatsangehörigkeit hat, so ist grundsätzlich an das deutsche, nicht an das fremde Heimatrecht anzuknüpfen, auch wenn dies zugleich das Recht des Wohnsitzes und auch wenn es das ius posterius ist.“[36]

S. 177ff.; H. Lewald, Das deutsche internationale Privatrecht auf Grundlage der Rechtsprechung, Leipzig 1931, S. 10; A. Mariolle, Auflösung und Ungültigkeitserklärung einer Ehe nach den privatinternationalrechtlichen Bestimmungen des Einführungsgesetzes zum Bürgerlichen Gesetzbuche, in: Seuff Bl 63 (1898), S. 121ff.; Middel, Internationalprivatrechtliche Anknüpfung bei mehrfacher und nicht feststellbarer Staatsangehörigkeit, in: DR 1944, S. 177ff.; Neumeyer, Internationales Privatrecht, 2. Aufl., München 1930, S. 17; *ders.,* Anm. zu RG Urteil vom 5. 11. 1928, in: JW 1929, S. 434; A. Niedner, Das Einführungsgesetz vom 18. August 1896, Berlin 1896, S. 75.

33 E. Zitelmann, Internationales Privatrecht, 1. Bd., Leipzig 1897, S. 175.

34 G. Planck, Bürgerliches Gesetzbuch nebst Einführungsgesetz, 6. Bd., 1. und 2. Aufl., Berlin 1901, S. 92.

35 A. Nussbaum, Deutsches Internationales Privatrecht unter besonderer Berücksichtigung des österreichischen und schweizerischen Rechts, Tübingen 1932, S. 112.

36 L. Raape, Deutsches Internationales Privatrecht, Anwendung fremden Rechts, I. Bd., Berlin 1938, S. 40.

Immerhin, das „Zunächst" bei PLANCK ließ noch Raum für Modifikationen, und in gewisser Weise gilt das auch für RAAPE, wenn er davon spricht, daß „grundsätzlich" an das deutsche Heimatrecht anzuknüpfen sei. Anders klingt, wie wir schon hörten, es bei NUSSBAUM, und erst recht bei GEORGE MELCHIOR, der 1932 für das deutsche internationale Privatrecht die ausnahmslose Regel aufstellt: „Hat eine Person außer der deutschen eine ausländische Staatsangehörigkeit, so bleibt diese für die Anknüpfung gemäß dem internationalen Privatrecht des Deutschen Reiches außer Betracht."[37]

Auch in rückschauender Sicht wird man darin schwerlich eine für die deutschen Autoren typische Betonung des nationalen Souveränitätsgedankens sehen können, mag auch die 1870 erst erfolgte Gründung des Deutschen Reiches und das ebenfalls 1870 erlassene erste einheitliche Staatsangehörigkeitsgesetz, Vorläufer des Reichs- und Staatsangehörigkeitsgesetzes von 1913, für die Überzeugung von der Bedeutung des übergeordneten staatlichen Souveränitätsanspruches, der sich auch im Bereich des internationalen Privatrechts zur Geltung brachte, eine Rolle gespielt haben. Doch war das jedenfalls keine deutsche Besonderheit, damals nicht und heute erst recht nicht, wie ein Blick in die unser Problem behandelnde Rechtsprechung und Literatur zahlreicher ausländischer Staaten belegt, in denen das Bewußtsein vom Vorrang der staatlichen Souveränität auch im Bereich des internationalen Privatrechts weitaus ungebrochener ist als bei uns. Bezeichnend ist ein Urteil des italienischen Kassationsgerichtshofes vom 6. 3. 1979, das bei doppelter Staatsangehörigkeit italienischer Staatsangehöriger in Statusfragen ausdrücklich den Vorrang der italienischen Staatsangehörigkeit bekräftigt: „Wenn dieses Gericht (. . .) bereits für andere Fälle ausgesprochen hat, daß die Staatsangehörigkeit nach dem italienischen Recht beurteilt werden muß, weshalb das Gericht bei doppelter Staatsangehörigkeit nur die italienische berücksichtigen könne, so muß dies erst recht gelten, wenn es sich um eine Statusfrage, die Geschäftsfähigkeit, die Ehe oder um andere Rechte im Bereich des Familienrechts handelt ... Diese Bestimmungen sind für einen Italiener unabhängig davon bindend, ob er außerdem eine andere Staatsangehörigkeit besitzt."[38] Auf weitere ausländische Beispiele aus jüngster Zeit hat STURM in seinem bereits erwähnten Aufsatz „Deutsch wie Vater oder Mutter" mit großem Nachdruck hingewiesen[39].

Im Unterschied zu der in Argumentation und Ergebnis recht bald gefestigten „herrschenden Meinung" gingen die Gegenstimmen im Schrifttum von sehr unterschiedlichen Ansätzen aus; einig war die „Minderheit" zwar in der Ablehnung der „herrschenden Meinung", aber die Gründe der Ablehnung waren höchst mannig-

[37] G. MELCHIOR, Die Grundlagen des deutschen internationalen Privatrechts, Berlin 1932, S. 447.
[38] Corte di Cassazione Urteil v. 6. 3. 1979 Nr. 1395, in: Riv. dir. int. priv. proc. 1980, S. 224.
[39] Siehe STURM, in: FamRZ 1974, S. 617ff.

faltig, es gab eine erhebliche Bandbreite verschiedenster Auffassungen und Argumentationsansätze.

Die wohl am weitesten gehende Gegenposition finden wir in den von FRANZ KAHN bereits im Jahre 1891 veröffentlichten „Gesetzeskollisionen". KAHN verwirft zunächst scharf ein Urteil des Zivilgerichts zu Genf vom 26.12.1879, in dem einem Mehrstaater das Recht zugebilligt wird, sich vor Gericht auf jede seiner Staatsangehörigkeiten berufen und damit das anzuwendende Recht bestimmen zu können[40]; er wendet sich dann ebenso gegen den Grundsatz vom Vorrang des inländischen Rechts, den er als „willkürlich und theoretisch unhaltbar" bezeichnet[41], und kommt zu dem Ergebnis, daß bei mehrfacher Staatsangehörigkeit eine Anknüpfung an das Merkmal Staatsangehörigkeit nicht möglich sei, als Substitutionsbegriff komme nur das Domizil in Betracht[42], eine Anknüpfung, die unabhängig vom Problem des Doppelstaaters im internationalen Privatrecht bei der Bestimmung des Personalstatuts bis gegen Ende des 19. Jahrhunderts weithin maßgeblich war[43] und von FRANZ ENDEMANN 1898 sogar als „allgemeines Recht" bezeichnet wurde[44], obwohl es damals auch andere Stimmen gab. So zitiert F. MEILI in seinem 1892 erschienenen Werk „Geschichte und System des internationalen Privatrechts im Grundriss" immerhin noch GLÜCK, der in Pandekten I sagt, der Status sei ein „Zubehör der Person, welcher derselben anklebe und sie überallhin begleite, wo sie sich auch aufhalten möge."[45]

KAHN's Vorschlag, auf die Staatsangehörigkeit als Anknüpfungstatbestand bei mehreren Staatsangehörigkeiten zu verzichten, und an das Domizil anzuknüpfen, fand zu seiner Zeit keine Resonanz. Jüngst hat jedoch JÜRGEN SAMTLEBEN 1978 diese Lehre wieder aufgegriffen[46] und (– freilich wenig überzeugend –) 1980 auch die neuere BGH-Rechtsprechung hierfür in Anspruch genommen[47]. Mit Recht hat GÜNTHER BEITZKE gegenüber SAMTLEBEN darauf hingewiesen[48], daß es in den von

[40] Vgl. F. KAHN, Gesetzeskollisionen, in: Abhandlungen zum internationalen Privatrecht, hrsg. von O. LENEL und H. LEWALD, München 1928 = Jher Jb 30 (1891), S. 1ff., vgl. hier S. 51 (im folgenden = KAHN, Gesetzeskollisionen).

[41] KAHN, Gesetzeskollisionen, S. 52.

[42] So KAHN, Gesetzeskollisionen, S. 52.

[43] Vgl. die Nachweise bei M. BEHN, Die Entstehungsgeschichte der einseitigen Kollisionsnormen des EGBGB unter besonderer Berücksichtigung der Haltung des badischen Redaktors ALBERT GEBHARD und ihre Behandlung durch die Rechtsprechung in rechtsvergleichender Sicht, Frankfurt 1980, (teilweise Diss. Freiburg 1977), S. 24ff. (im folgenden = BEHN, Entstehungsgeschichte).

[44] F. ENDEMANN, Einführung in das Studium des Bürgerlichen Gesetzbuchs, Bd. 1, 3./4. Aufl., Berlin 1898, S. 66 (im folgenden = ENDEMANN, Einführung).

[45] F. MEILI, Geschichte und System des Internationalen Privatrechts im Grundriss, Leipzig 1892, S. 66.

[46] Vgl. J. SAMTLEBEN, Mehrstaater im internationalen Privatrecht, in: RabelsZ 42 (1978), S. 456.

[47] Siehe SAMTLEBEN, Anmerkung zu BGH Urteil v. 17.4.1980, in: NJW 1980, S. 2645.

[48] Vgl. G. BEITZKE, Das Personalstatut des Doppelstaatlers, in: Festschrift für A. F. SCHNITZER, Genf 1979, S. 21f.

SAMTLEBEN zitierten Fällen lediglich um die Konkurrenz zweier oder mehrerer Staatsangehörigkeiten geht, daß also die konkurrierenden Staatsangehörigkeiten als Anknüpfungstatbestand andere Rechtsordnungen durchaus ausschließen und daß lediglich im Innenverhältnis untereinander die Entscheidung zu fallen hat.

Unter den Auffassungen, die beim deutschen Mehrstaater grundsätzlich am Anknüpfungstatbestand Staatsangehörigkeit festhalten, jedoch die herrschende Meinung vom absoluten Primat der lex fori ablehnen, nimmt in der älteren Literatur die Lehre vom Vorrang derjenigen Rechtsordnung, der sich der Mehrstaater am stärksten verbunden fühlt, die Anknüpfung an den sogenannten „psychologischen Zusammenhang", eine besondere Rolle ein. ERNST FRANKENSTEIN, der diese Auffassung 1926 im ersten Band seines Internationalen Privatrechts entwickelt hat, das damals noch den Untertitel „Grenzrecht" trug, geht dabei von der Prämisse aus, Heimatrechtsordnung sei die Rechtsordnung, an deren Ausgestaltung ihre Angehörigen als Träger der Rechtsordnung mitwirken. Daher könne die Anteilnahme eines Mehrstaaters nur einer Rechtsordnung gelten; für die Auffindung dieser Heimatrechtsordnung nützten keine starren Regeln, entscheidend sei die psychologische Anknüpfung[49].

Als Beispiel nennt FRANKENSTEIN einen Deutsch-Argentinier mit Wohnsitz in Argentinien: Wahrscheinlich nehme er am Geschehen in Argentinien mehr Anteil als am Geschehen in Deutschland; errichte er jedoch sein Testament vor dem deutschen Konsul, so zeige er damit, daß er sich der deutschen Rechtsordnung stärker verbunden fühle mit der Folge, daß deutsches Recht auf ihn anwendbar sei[50].

Diese Lehre hat sich jedoch, obwohl immer wieder diskutiert, nicht durchsetzen können; sie wurde als unsicher und unstetig abgelehnt. So spöttelt RAAPE 1931: „Sie (– gemeint war ein deutsch-dänisches Ehepaar –) sind einerseits Mitglied des deutschen Gesangvereins, andererseits gehört die Frau dem dänischen Konsumverein an. Wer will da prophezeien, welches Personalstatut der deutsche Richter annehmen wird?"[51]

Einen ähnlichen Gedankengang, wenn auch ohne ein so plakatives Stichwort wie das des „psychologischen Zusammenhangs" hatte übrigens GUIDO GRAF LUXBURG bereits 1913 entwickelt. Seiner Auffassung nach sollte der Richter prüfen, „welche von den konkurrierenden Nationalitäten im konkreten Fall geeignet war, den Parteien bestimmte Rechtsanschauungen zu vermitteln". Eine für alle Konfliktfälle gleiche Anknüpfung, z. B. nach dem Wohnsitz oder der zuletzt

[49] Vgl. E. FRANKENSTEIN, Internationales Privatrecht, 1. Bd., Berlin 1926, S. 89ff.

[50] FRANKENSTEIN, a. a. O., S. 90.

[51] STAUDINGER-RAAPE, Kommentar zum Bürgerlichen Gesetzbuch mit Einführungsgesetz und Nebengesetzen, 9. Aufl., Berlin 1931, S. 787.

erworbenen Staatsangehörigkeit, hatte GRAF LUXBURG als „Unmöglichkeit" abgelehnt[52].

Methodisch ebenso interessant und im Schrifttum immer wieder diskutiert ist auch der Lösungsvorschlag von ERNST ISAY. ISAY plädiert in seinem 1920 in der Juristischen Wochenschrift veröffentlichten Aufsatz „Die mehrfache Staatsangehörigkeit" für ein Optionsrecht des Mehrstaaters[53], mit dem aus dem bisherigen Mehrstaater im Ergebnis ein Einstaater werden soll, eine Konsequenz, die ISAY bis heute mit der Mehrzahl der Auffassungen teilt, die vom Vorrang der lex fori abgehen und entweder an den Willen bzw. mutmaßlichen Willen des sujet mixte anknüpfen oder auf den Wohnsitz, gewöhnlichen Aufenthalt, letzterworbene Staatsangehörigkeit usw. abheben. Dieses Optionsrecht soll auch stillschweigend ausgeübt werden können und hat nach ISAY zur Folge, daß der Doppelstaater nicht mehr Angehöriger des Staates ist, gegen den er optiert hat. Abgesehen davon, daß die Entlassung eines Individuums aus einem Staatsverband nicht von der bloßen Willensäußerung des Individuums abhängt, zeigt sich hier wieder deutlich das Bestreben, dem als anomal angesehenen Zustand mehrfacher Staatsangehörigkeit entgegen zu treten. Der Mehrstaater soll sich entscheiden, wohin er gehört, und wenn er sich nicht entscheiden will oder kann, entscheidet der Richter über die stillschweigende Option an seiner Stelle.

Ebenfalls auf die Willensbetätigung stellt SCHNURRE 1928 in seinem Beitrag „Die Behandlung der mehrfachen Staatsangehörigkeit in der Rechtsprechung internationaler Gerichte" ab: auf Grund freier Beweiswürdigung des gesamten Tatsachenmaterials ist festzustellen, welche Staatsangehörigkeit der Doppelstaater ausüben wollte und ausgeübt hat. Ohne Differenzierung zwischen deutschen und ausländischen Doppelstaatern heißt es bei SCHNURRE: „Der einzelne kann zwar den formellen Erfordernissen mehrerer nationaler Staatsangehörigkeitsgesetze genügen und genügt ihnen dank der beiden Grundprinzipien vom jus soli und jus sanguinis unbewußt oft genug. Er kann aber nicht seine aktive Staatsangehörigkeit gegenüber zwei Staaten betätigen und, wie es in der französischen Rechtslehre ausgedrückt wird, sich zwei Vaterlande schaffen." Und weiter heißt es: „Man mußte ... ein Prinzip in Anwendung bringen, das berechtigten Interessen den Schutz nicht versagt und den tatsächlichen Umständen des Einzelfalles Rechnung trägt. Dieses Prinzip fand man in der Lehre von der sog. aktiven Staatsangehörigkeit, nationalité active oder effective oder, wie es in der deutschen Rechtslehre ausgedrückt wurde, der Staatsangehörigkeit des dem Individuum näheren Ver-

[52] G. LUXBURG, Das Internationale Privatrecht des ehelichen Güterrechts nach dem Bürgerlichen Gesetzbuch für das Deutsche Reich, in: NiemZ 23 (1913), S. 20.

[53] So E. ISAY, Die mehrfache Staatsangehörigkeit, in: JW 1920, S. 1481ff.

bandes."[54] Die Begriffe „aktive Staatsangehörigkeit" bzw. „effektive Staatsangehörigkeit" sind also auch der deutschen Literatur bereits seit längerem bekannt. Für die Ermittlung der aktiven bzw. effektiven Staatsangehörigkeit schlägt SCHNURRE eine ganze Palette von Möglichkeiten vor: Wohnsitz, ständiger Aufenthaltsort, Erfüllung staatsbürgerlicher Pflichten usw.

Von den abweichenden Auffassungen der Literatur seien noch MAX GUTZWILLER und BERNHARD SIEGEL genannt. Unter grundsätzlicher Anerkennung der herrschenden Meinung fordert GUTZWILLER 1930 in einem Beitrag für die Juristische Wochenschrift eine Einschränkung in Fällen mit überwiegender fremdstaatlicher Beziehung und nennt hierbei den späteren Erwerb einer fremden Staatsangehörigkeit bei gleichzeitigem Wohnsitz in diesem fremden Staat[55]; SIEGEL will ganz auf eine allgemein gültige Lösung verzichten und kommt in seiner 1937 von der Hamburger juristischen Fakultät angenommenen Dissertation zu differenzierten Lösungen je nach den einzelnen Institutionen des internationalen Privatrechts[56].

Nach diesen Hinweisen auf die unterschiedlichen Ansätze im deutschen Schrifttum noch ein Blick auf internationale Lösungsversuche. Auf der 6. Haager Konferenz über internationales Privatrecht im Jahre 1928 kam es zu einer Reihe von Beschlüssen auf dem Gebiet des Familien- und Erbrechts, die jedoch von den Regierungen nicht angenommen wurden. So heißt es z. B. in Art. 3 b der „Änderungsvorschläge zum Abkommen zur Regelung des Geltungsbereichs der Gesetze und der Gerichtsbarkeit auf dem Gebiete der Ehescheidung und der Trennung von Tisch und Bett": „Hat einer der Ehegatten mehr als eine Staatsangehörigkeit, so gilt als Gesetz seines Heimatstaats im Sinne der Bestimmungen dieses Abkommens dasjenige Gesetz seiner Heimatstaaten, das gleichzeitig das Gesetz seines gewöhnlichen Aufenthalts oder in Ermangelung eines gewöhnlichen Aufenthalts seines Aufenthalts ist." Im zweiten Absatz des Artikels 3 b heißt es dann jedoch: „In allen Fällen kann jeder der Staaten, dessen Staatsangehörigkeit der Ehegatte besitzt, ihn als ausschließlich seinem eigenen Gesetz unterworfen betrachten."[57]

[54] SCHNURRE, Die Behandlung der mehrfachen Staatsangehörigkeit in der Rechtsprechung internationaler Gerichte, in: JW 1928, S. 1175.

[55] Siehe M. GUTZWILLER, Zum zwischenstaatlichen Erbrecht des Einführungsgesetzes zum Bürgerlichen Gesetzbuch, in: JW 1930, S. 1817ff.; vgl. *ders.*, Internationales Privatrecht, in: R. STAMMLER, Das gesamte deutsche Recht in systematischer Darstellung, Bd. I, Berlin 1931, S. 1515ff., insbesondere S. 1546ff.

[56] Vgl. B. SIEGEL, Das Problem der mehrfachen Staatsangehörigkeit im deutschen internationalen Privatrecht, Diss. Hamburg 1937.

[57] Siehe bei VOLKMAR, Die familien- und erbrechtlichen Beschlüsse der 6. Haager Konferenz über internationales Privatrecht, in: JW 1928, S. 863; die überwiegende Zahl der Regierungen hatte sich bereits vorher für die Maßgeblichkeit der lex fori ausgesprochen, vgl. die Nachweise bei A. N. MAKAROV, Allgemeine Lehren des Staatsangehörigkeitsrechts, 2. Aufl., Stuttgart 1962, S. 301 (im folgenden = MAKAROV, Allgemeine Lehren, Aufl.).

Deutlicher noch spricht sich das „Haager Abkommen über gewisse Fragen von Kollisionen der Gesetze über die Staatsangehörigkeit“ von 1930 in den Artikeln 3 und 5 für den Vorrang der lex fori aus[58]. Im Gegensatz zu den oben genannten Beschlüssen der 6. Haager Konferenz wurde dieses Abkommen von einer Reihe von Staaten ratifiziert und trat am 1.7.1937 für Brasilien, Großbritannien, Kanada, Indien, China, Monaco, Norwegen, Schweden, Polen und die Niederlande in Kraft[59]. Weitere Staaten folgten; Deutschland ist dem Abkommen nicht beigetreten.

Damit blieb das Problem in der heimischen Gesetzgebung wie auch in internationalen Verträgen ungeregelt; die Lösung lag weiterhin bei der Rechtsprechung. Während nun die bisher dargestellten Versuche der genannten älteren Autoren, Alternativen zum Primat der deutschen Staatsangehörigkeit beim deutschen Doppelstaater zu entwickeln, im Ergebnis auf die Rechtsprechung und auf den überwiegenden Teil des Schrifttums ohne sonderlichen Eindruck geblieben waren, bahnte sich nach dem Zusammenbruch des Deutschen Reiches 1945, zwar mit einer gewissen zeitlichen Verzögerung, aber dennoch durch ihn entscheidend beeinflußt, eine neue Entwicklung an.

Bereits 1949 hatte Murad Ferid in seiner Monographie „Der Neubürger im internationalen Privatrecht“ unter mehreren Staatsangehörigkeiten derjenigen den Vorzug geben wollen, mit der der betreffende Mehrstaater durch einen „organischen Zusammenhang“ verbunden ist. Im Unterschied zu den bisherigen individuellen Theorien von Frankenstein, Isay und Graf Luxburg, denen Ferid Unsicherheit und Unbestimmtheit vorwarf[60], sollten die „organische Verbindung“ und der „organische Zusammenhang“ jedoch nicht durch subjektive, sondern durch objektive Merkmale gekennzeichnet sein. Als solche objektiven Merkmale nannte Ferid unter anderem Wohnsitz oder Aufenthalt, Wahrnehmung öffentlich-rechtlicher Funktionen sowie Ausübung politischer Tätigkeiten[61]. Erst bei Versagen der Anknüpfung an diese objektiven Merkmale sollte die letzterworbene Staatsangehörigkeit maßgeblich sein[62].

Nachdem auch dieser Vorschlag wie die anderen vor ihm wirkungslos verhallt war[63], unternahm Ferid 1958 einen neuen, diesmal erfolgreicheren Anlauf. In sei-

[58] Vgl. den Text bei Raape-Sturm, Internationales Privatrecht, 6. Aufl., München 1977, S. 134.

[59] Nachweise bei Raape-Sturm, a. a. O., Fn. 71 auf S. 143.

[60] Vgl. M. Ferid, Der Neubürger im internationalen Privatrecht, Fortwirkungen früheren Status bei Wechsel der maßgebenden Rechtsordnung, Berlin 1949, S. 56 (im folgenden = Ferid, Der Neubürger im IPR).

[61] So Ferid, Der Neubürger im IPR, S. 57.

[62] Siehe Ferid, Der Neubürger im IPR, S. 58.

[63] Vgl. z. B. M. Wolff, Das internationale Privatrecht Deutschlands, 3. Aufl., Göttingen 1954, S. 54, der Ferid nicht einmal erwähnt.

nem Beitrag „Zur kollisionsrechtlichen Behandlung von Inländern mit zugleich ausländischer Staatsangehörigkeit“ in der Festschrift für ALEXANDER NIKOLAJEWITSCH MAKAROV, der 1947 in seinen „Allgemeinen Lehren des Staatsangehörigkeitsrechts“ de lege ferenda für einen Vorrang der ausländischen Staatsangehörigkeit plädiert hatte, wenn die inländische lediglich „formeller Natur“ sei[64], weist FERID auf die Ungereimtheiten der bisher herrschenden Meinung bei insbesondere zwei Personengruppen hin: zum einen bei den aus Deutschland verjagten deutsch-jüdischen Doppelstaatern, zum anderen bei den in ihren Ursprungsländern verbliebenen Volksdeutschen[65].

Während FERID im allgemeinen die Anwendung von Inlandsrecht auf den deutschen Doppelstaater als sachgemäß erscheint[66], fordert er gerade unter Hinweis auf die vertriebenen Juden und die nicht geflohenen Volksdeutschen eine Ausnahme dann, wenn die eigene Staatsangehörigkeit ohne materiellen Inhalt ist und im Einzelfall der Doppelstaater mit der fremden Rechtsordnung in einem engen organischen Zusammenhang steht, der sich aus objektiven Merkmalen herleiten lassen muß[67]. Dieser organische Zusammenhang soll erst bei einem eindeutigen Schwergewicht in dem zweiten Heimatstaat gegeben sein; bei gleich intensivem Zusammenhang mit beiden Staaten läßt sich nach FERID durchaus eine Anwendung der lex fori vertreten[68]. Abschließend weist FERID noch einmal am Beispiel der vertriebenen Juden und der nicht geflohenen Volksdeutschen darauf hin, daß es darauf ankomme, das sachgemäßere Recht zur Anwendung zu bringen und den Interessen der Beteiligten Rechnung zu tragen; das geschehe, so meint er, am besten durch die Anknüpfung an die, wie er es nunmehr nennt, „effektive Staatsangehörigkeit“[69].

In eine ähnliche Richtung wie FERID weist im übrigen auch HANS CARL NIPPERDEY 1959: „Bei mehrfacher Staatsangehörigkeit (sei es der deutschen und einer ausländischen, sei es mehrerer ausländischer: *sujet mixte*) wird diejenige den Vorzug verdienen, zu der *verstärkend* der Wohnsitz und in Ermangelung eines solchen der Aufenthalt hinzutritt. Doch wollen viele bei Konkurrenz deutscher und ausländischer Staatsangehörigkeit stets die deutsche entscheiden lassen. Diese Ansicht findet m.E. weder einen Anhalt im Gesetz, noch ist sie wünschenswert. Ein Deut-

64 MAKAROV, Allgemeine Lehren, Stuttgart 1947, S. 287ff.; weitergehend in der 2. Aufl., Stuttgart 1962, in der er S. 304 für eine Umorientierung in der Rechtsprechung plädiert.

65 Vgl. FERID, Zur kollisionsrechtlichen Behandlung von Inländern mit zugleich ausländischer Staatsangehörigkeit, in: RabelsZ 23 (1958), S. 498ff. (im folgenden = FERID, Kollisionsrechtliche Behandlung).

66 So FERID, Kollisionsrechtliche Behandlung, S. 507.

67 Siehe FERID, Kollisionsrechtliche Behandlung, S. 508.

68 Vgl. FERID, Kollisionsrechtliche Behandlung, S. 509.

69 So FERID, Kollisionsrechtliche Behandlung, S. 510.

scher, der zugleich Engländer ist und in England wohnt, ist nach englischem Recht zu beurteilen. Eine Frau, die durch Heirat sujet mixte wird, hat ohne Rücksicht auf den Wohnsitz den Status des neuen Heimatrechts, da ein übereinstimmendes Personalstatut der Eheleute erwünscht ist."[70] Allerdings hat diese recht kurze Auseinandersetzung NIPPERDEY's mit der damals herrschenden Meinung, die sowohl ein Eingehen auf deren Argumente wie auch Hinweise auf frühere abweichende Auffassungen vermissen läßt und bezüglich der durch Heirat zum sujet mixte gewordenen Frau grundrechtlichen Bedenken begegnet, bei der darauffolgenden Diskussion keine Rolle gespielt; diese befaßte sich ausschließlich mit der Arbeit FERID's.

FERID's Argumente fanden in der einschlägigen Literatur bald Anhänger. Bereits 1959 schlossen sich GÜNTHER BEITZKE[71] und GERHARD LUTHER[72] an, 1960 sprach sich GERHARD KEGEL ebenfalls unter Hinweis auf das Parteiinteresse und unter Ablehnung eines „Heimwärtsstrebens" zum eigenen Recht für die Lösung FERID's aus[73]. Wenn KEGEL in diesem Zusammenhang meint, politische Interessen hätten im internationalen Privatrecht nichts zu suchen[74], so ist das eine rechtspolitische Maxime, die freilich noch nicht zur allgemein anerkannten Maxime der Rechtspolitik geworden ist. Ob sie es künftig einmal werden wird, bleibt abzuwarten; in der Bundesrepublik Deutschland wird sie, wie die jüngste Entwicklung in Rechtsprechung und Literatur zeigt, eher auf Anerkennung stoßen als im Ausland. Sie wirft allerdings auch die Frage auf, ob nicht der staatliche Gesetzgeber doch verpflichtet ist, politische Interessen bei der Normierung der Vorschriften seines internationalen Privatrechts überall dort zur Geltung zu bringen, wo Staatsangehörigkeitsfragen zum Tragen kommen. Daß bei der Kodifikation des EGBGB das Problem des deutschen Mehrstaaters (– mehr noch: des Mehrstaaters überhaupt –)

[70] ENNECCERUS-NIPPERDEY, Allgemeiner Teil des Bürgerlichen Rechts, Erster Halbbd., 15. Aufl., Tübingen 1959, S. 410f.

[71] Vgl. G. BEITZKE, Anmerkung zu BGH Urteil v. 11.6.1958, in: JZ 1959, S. 123f.; ebenso *ders.*, Anmerkung zu OLG Düsseldorf Beschluß v. 17.5.1974, in: FamRZ 1974, S. 532; vgl. weiter die sehr differenzierten Ausführungen von BEITZKE, Staatenlose, Flüchtlinge und Mehrstaater, in: Vorschläge und Gutachten zur Reform des deutschen internationalen Personen- und Sachenrechts, vorgelegt im Auftrag der 2. Kommission des Deutschen Rates für internationales Privatrecht 1972 von WOLFGANG LAUTERBACH (im folgenden = LAUTERBACH, Vorschläge und Gutachten), S. 143ff., insbesondere S. 175ff., sowie *ders.*, Das Personalstatut des Doppelstaatlers, in: Festschrift für ADOLF F. SCHNITZER, Genf 1979, S. 19ff.; dagegen hatte sich BEITZKE entgegen der Auffassung FERID's in ACHILLES-GREIFF, BGB unter Einarbeitung des Gleichberechtigungsgesetzes vom 18.6.1957 mit Einführungsgesetz und Nebengesetzen, 20. und 21. Aufl., jeweils Berlin 1958, Bem. 9. vor Art. 7 EGBGB noch für die ältere Lehre ausgesprochen, wie sich aus der Zitierung eindeutig ergibt.

[72] So G. LUTHER, Ersatz immaterieller Schäden bei Verlöbnisbruch im internationalen Privatrecht und in Auslandsrechten, in: FamRZ 1959, S. 475ff. in Anm. 23.

[73] Siehe G. KEGEL, Internationales Privatrecht, München 1960, S. 144.

[74] So KEGEL, Internationales Privatrecht, 4. Aufl., München 1977, S. 203.

ausgeklammert wurde, lag ja keineswegs auf der Linie einer Entpolitisierung des deutschen internationalen Privatrechts, sondern, worauf wir bereits eingangs hingewiesen haben, eher im Gegenteil auch im Interesse der Gewinnung eines von BISMARCK intendierten politischen Handlungsspielraums[75].

Natürlich sind Gesetzgeber und Rechtsprechung in diesem Materienbereich unabhängig vom Verhalten ausländischer Staaten, aber es sollte nicht übersehen werden, daß bei einer künftigen Kodifikation die ausländische Praxis durchaus von Einfluß sein kann, eine Praxis, bei der das private Parteiinteresse vielfach noch eingebunden ist in einen vorgegebenen, durch den Souveränitätsanspruch bestimmten staatlichen Rahmen, der zur Zeit und wohl auch noch für lange Zeit nationalstaatlich gefärbt ist, mag auch seine Tönung schwächer werden. Daß politische, insbesondere verfassungspolitische Gesichtspunkte beim deutsch-deutschen Verhältnis, wo der Deutsche im anderen Teil unseres Landes weder dem Staatsbürgerschaftsgesetz von 1967 entrinnen noch die Effektivität durch Verlegen seines Wohnsitzes – es sei denn unter Lebensgefahr – beeinflussen kann, unabhängig von den politischen Interessen des Gesetzgebers eine Rolle spielen, sei nur am Rande angemerkt.

Zur Bestimmung der Rechtsordnung des engsten Zusammenhangs beim deutschen Doppelstaater findet sich bei KEGEL, der nicht mehr wie noch FERID den Ausnahmecharakter der Anwendung des fremden Rechts betont, eine seiner berühmten „Leitern". Es ist dieselbe Leiter, die KEGEL auch bei ausländischen Mehrstaatern vorschlägt: gewöhnlicher Aufenthalt in einem der Staaten, hilfsweise letzter gewöhnlicher Aufenthalt in einem der Staaten, zweithilfsweise schlichter Aufenthalt in einem der Staaten, dritthilfsweise letzter schlichter Aufenthalt dort, vierthilfsweise die zuletzt erworbene Staatsangehörigkeit und fünfthilfsweise die Staatsangehörigkeit nach ius sanguinis[76].

Anders als im rechtswissenschaftlichen Schrifttum bestand in der Rechtsprechung zunächst wenig Neigung, den überkommenen Standpunkt preiszugeben und im Anschluß an FERID die Lehre vom Vorrang der effektiven bzw. effektiveren Staatsangehörigkeit (– beide Bezeichnungen begegnen uns in der Literatur –) auch beim deutschen Mehrstaater zu übernehmen. Um es an dieser Stelle noch einmal deutlich zu sagen, der Grundsatz vom Vorrang der effektiveren Staatsangehörigkeit für den ausländischen Mehrstaater hatte sich, von wenigen Auto-

[75] Vgl. BEHN, Entstehungsgeschichte, S. 4ff.; so auch ENDEMANN, Einführung, S. 44: „Die Hauptfrage liegt auf dem Gebiete der politischen Klugheit. Das ganze internationale Privatrecht war im Entwurfe erster Lesung weggelassen, weil diplomatische Voraussicht es für falsch erachtete, von vornherein allen, auch den uncivilisirten und gegen Fremde feindlich gesinnten Völkern die volle Anerkennung als Geschenk darzubringen."

[76] KEGEL, Internationales Privatrecht, 4. Aufl., München 1977, S. 202.

ren abgesehen, seit langem durchgesetzt, und kurz und bündig kann Andreas Heldrich im „Palandt" feststellen: „Beim Zusammentreffen von zwei ausländischen Staatsangehörigkeiten ist nach herrschender Meinung kollisionsrechtlich diejenige maßgebend, welcher der Betreffende am engsten verbunden ist ... Dagegen war nach der früher herrschenden Meinung beim Zusammentreffen von inländischer und ausländischer Staatsangehörigkeit kollisionsrechtlich stets an die eigene Staatsangehörigkeit anzuknüpfen."[77]

Daß entgegen der früher herrschenden Meinung der Grundsatz vom Vorrang der effektiveren Staatsangehörigkeit auf den deutschen Doppelstaater Eingang auch in die höchstrichterliche Rechtsprechung fand, dazu hat, wie die Zitationen in den entsprechenden Entscheidungen zeigen, vor allem die Kommentarliteratur beigetragen: Kegel, der das internationale Privatrecht bei Soergel-Siebert betreut, hat die neue Lehre ab der 9. Auflage von 1961 auch hier übernommen[78]; nach dem Bearbeiterwechsel von Lauterbach zu Heldrich spricht sich „der Palandt" ab der 34. Auflage von 1975 ebenfalls für die Lösung Ferid's aus[79]; bei Erman plädiert Arndt seit der 5. Auflage von 1972 gänzlich[80], Marquordt allerdings weiterhin nur in besonders gelagerten Ausnahmefällen[81] für die Anknüpfung an die effektivere Staatsangehörigkeit beim deutschen Doppelstaater und Gamillscheg verwirft diese Auffassung trotz erheblicher Bedenken in der 10./11. Auflage „des Staudinger" von 1973 nicht völlig[82]. Den Stand der Diskussion zeigt auch die Beratung in der 2. Kommission des Deutschen Rats für internationales Privatrecht. In den 1972 vorgelegten Vorschlägen für eine Reform des deutschen internationalen Personen- und Sachenrechts heißt es: „Für Mehrstaater wird folgende gesetzliche Vorschrift vorgeschlagen: Soweit das Recht des Staates gilt, dem eine Person angehört, ist bei mehrfacher Staatsangehörigkeit das Recht desjenigen Staates maß-

[77] Palandt-Heldrich, Bürgerliches Gesetzbuch, 42. Aufl., München 1983, Vorbem. 7abb vor Art. 7 EGBGB.

[78] Vgl. Soergel-Siebert-Kegel, Bürgerliches Gesetzbuch mit Einführungsgesetz und Nebengesetzen, 9. Aufl., Stuttgart 1961, Bem. 9 zu Art. 29 EGBGB.

[79] Siehe Palandt-Heldrich, Bürgerliches Gesetzbuch, 34. Aufl., München 1975, Vorbem. 7a vor Art. 7 EGBGB; in der 33. Aufl. von 1974 hatte Heldrich noch die Ausführungen Lauterbach's übernommen.

[80] Vgl. Erman-Arndt, Handkommentar zum Bürgerlichen Gesetzbuch, Anh. Art. 29 EGBGB Rdn. 12 seit der 5. Aufl. von 1972, nachdem die 3. und 4. Aufl. noch nicht klar entschieden waren.

[81] Vgl. Erman-Marquordt, Handkommentar zum Bürgerlichen Gesetzbuch, 6. Aufl., Münster 1975, Rdn. 24 vor Art. 7 EGBGB.

[82] Staudinger-Gamillscheg, Kommentar zum Bürgerlichen Gesetzbuch mit Einführungsgesetz und Nebengesetzen, 10./11. Aufl., Berlin 1973, Rdn. 160ff. Vorbem. vor Art. 13 EGBGB; dagegen hatte Gamillscheg noch in seiner Besprechung von Kegel's IPR in RabelsZ 27 (1962/1963), S. 587 „einseitige Vorleistungen" als verfrüht bezeichnet, in seiner Anmerkung zum Urteil des BGH v. 18. 10. 1968, in: FamRZ 1969, S. 79f. allerdings schon eine modifizierte Auffassung anklingen lassen.

gebend, mit dem die Person am engsten verbunden ist."[83] Diese Formulierung findet sich auch in dem IPR-Gesetzentwurf 1980, dem „KÜHNE-Entwurf", wo in § 4 lediglich der erste Halbsatz geändert ist; dort heißt es unter der Überschrift „Mehrstaater": „Soweit auf das Recht des Staates verwiesen wird, dem eine Person angehört, ist bei mehrfacher Staatsangehörigkeit das Recht desjenigen Staates maßgebend, mit dem die Person am engsten verbunden ist."[84] Angemerkt sei in diesem Zusammenhang noch, daß BEITZKE sich 1972, obwohl er einer der ersten Befürworter der neuen Lehre FERID's war, bei den Beratungen der 2. Kommission gegen eine gesetzliche Regelung ausgesprochen hatte – mit Argumenten, wie wir sie ähnlich bereits von GEBHARD kennen, daß nämlich eine gesetzliche Fixierung nicht immer einzelfallgerecht sei[85]. Kritik von einer ganz anderen Warte aus übte der Berufsverband der Standesbeamten e.V. Er schlug in einer Stellungnahme vom 18.8.1980 an den Bundesminister der Justiz vor, § 4 des IPR-Entwurfs dahingehend zu ergänzen, daß für Mehrstaater mit inländischer Staatsangehörigkeit diese maßgebend sei[86].

Freilich vermochte die von FERID forcierte Lehre die ältere Auffassung vom Primat der lex fori beim deutschen Doppelstaater in der Literatur nicht gänzlich zu verdrängen, gewichtige Gegenstimmen blieben[87]. Insbesondere bei GÜNTER OTTO und FRITZ STURM finden sich engagierte und teilweise sehr heftige Ausführungen zur Verteidigung des Vorrangs des heimischen Rechts. So weist OTTO auf verfassungsrechtliche Bedenken hin, er legt vor allem dar, daß außerhalb des internationalen Privatrechts auf öffentlich-rechtlichem Gebiet die Staatsangehörigkeit der lex fori immer maßgeblich sei, und bezeichnet die Lehre vom Vorrang der effektiveren Staatsangehörigkeit als diskriminierend und praktisch unbrauchbar[88]. STURM betont den internationalen Konsens, der im wesentlichen bisher in dieser Frage herrschte[89]; er befürchtet „Gesinnungsschnüffelei" bei der Suche nach der

[83] LAUTERBACH, Vorschläge und Gutachten, S. 5 mit zustimmender Anmerkung von NEUHAUS, Um die Reform des deutschen Internationalen Personenrechts, in: FamRZ 1973, S. 81ff.

[84] KÜHNE, IPR-Gesetzentwurf, S. 3.

[85] BEITZKE, Staatenlose, Flüchtlinge und Mehrstaater, in: LAUTERBACH, Vorschläge und Gutachten, S. 143ff., insbesondere S. 182ff.

[86] Zitiert bei K. FIRSCHING, Der Mehrstaater im internationalen Erbrecht, in: IPRax 1981, S. 16.

[87] So u. a. G. BRENNING, Zur rechtlichen Problematik der mehrfachen Staatsangehörigkeit, in: DVBl 1975, S. 758; FIRSCHING, Anmerkung zu BGH Vorlegungsbeschluß v. 20. 12. 1972, in: JZ 1974, S. 178ff.; *ders.*, Einführung in das internationale Privatrecht, München 1974, S. 74; H. GUNDRUM, Ursachen und Probleme der staatsangehörigkeitsrechtlichen Mischehe, in: FamRZ 1967, S. 126 Fn. 3; P. JANSEN, Besprechung: FIRSCHING, Einführung in das IPR, in: DNotZ 1975, S. 759; MAUNZ-DÜRIG-HERZOG, Grundgesetz, 4. Aufl., München 1974, Art. 16 Rz. 7.

[88] Vgl. G. OTTO, Anmerkung zu OLG Düsseldorf Beschluß v. 17. 5. 1974, in: FamRZ 1974, S. 655.

[89] Siehe STURM, Der Eigenhändler im Außenprivatrecht, in: Festschrift für EDUARD WAHL, Heidelberg 1973, S. 234, Anm. 119; RAAPE-STURM, Internationales Privatrecht, 6. Aufl., München 1977, S. 134; STURM, Deutsch wie Vater oder Mutter, insbesondere S. 622 mit Nachweisen in Fn. 32.

effektiven Staatsangehörigkeit, wobei der zweite Paß zu einem „wertlosen Fetzen Papier" würde[90], und er äußert Bedenken hinsichtlich der politischen und juristischen Konsequenzen für das besondere Verhältnis der Bundesrepublik Deutschland zur DDR[91]. STURM bejaht allerdings zu Gunsten des Mehrstaaters einen gewissen Vertrauensschutz, der sich in der Hinnahme von Rechtsgeschäften bzw. ausländischen Staatsakten äußern soll, die Doppelstaater unter Zugrundelegung eines fremden Statuts im Ausland vorgenommen oder unter Berufung auf eine ihrer Staatsangehörigkeiten in einem fremden Staat veranlaßt haben[92].

Die im Schrifttum seit FERID wieder aufgelebte Diskussion um die „richtige" Anknüpfung beim deutschen Doppelstaater spiegelt sich in der Rechtsprechung, die die Argumente des Für und Wider recht unterschiedlich wog.

Bei den Oberlandesgerichten setzte sich zunächst die vom Bundesgerichtshof bestätigte Linie des Reichsgerichts fort[93]. Das gilt nicht nur für Entscheidungen wie die des Oberlandesgerichts Hamm vom 1. 7. 1955 bezüglich des Personensorgerechts über ein Kind aus einer geschiedenen Ehe mit deutsch-österreichischer Staatsbürgerschaft aus der Zeit vor dem Neubeginn der Diskussion in der Literatur: „Bei Personen, die außer der deutschen noch eine andere Staatsangehörigkeit besitzen, ist bei Anwendung des deutschen IPR nur die deutsche Staatsangehörigkeit maßgebend. Die andere Staatsangehörigkeit ist dabei nicht zu beachten (Nachweise). Deshalb ist die Minderjährige im vorl. Fall bei Anwendung der Vorschriften des EGBGB so zu behandeln, als hätte sie nur die deutsche Staatsangehörigkeit."[94] Auch Entscheidungen wie die des Oberlandesgerichts Celle vom 12. 12. 1962[95], des Oberlandesgerichts Frankfurt vom 29. 4. 1968[96] und des Bayerischen Obersten Landesgerichts vom 24. 10. 1968[97] geben ohne Auseinandersetzung oder nur Erwähnung anders lautender Auffassungen der heimischen Staatsangehörigkeit den Vorrang; in dem Beschluß des 8. Zivilsenats des OLG Celle heißt es: „Diese Gesetzesauslegung entspricht dem im deutschen IPR geltenden Grundsatz, daß ein deutscher Staatsangehöriger auch dann, wenn er gleichzeitig einem fremden Staat angehört, von der deutschen Gerichtsbarkeit nur als Deutscher angesehen wird"[98]; der 6. Zivilsenat des OLG Frankfurt begründet seinen Beschluß

[90] STURM, Neue Vorschläge zur IPR-Reform, in: NJW 1974, S. 1037.

[91] So STURM, Deutsch wie Vater oder Mutter, S. 623.

[92] Siehe RAAPE-STURM, Internationales Privatrecht, 6. Aufl., München 1977, S. 135.

[93] Ebenso bei den Landgerichten; vgl. LG Bonn Beschluß v. 14. 10. 1975, in: FamRZ 1976, S. 229f.

[94] OLG Hamm Beschluß v. 1. 7. 1955, in: NJW 1955, S. 1725 = FamRZ 1956, S. 123 Nr. 271 (LS): „Ein deutsches Gericht ist auf jeden Fall dann zur Entscheidung über das Personensorgerecht eines aus der geschiedenen Ehe hervorgegangenen Kindes zuständig, wenn die in Art. 19 Satz 2 EGBGB vorgeschriebene Anwendung deutschen materiellen Rechts nur auf diese Weise erreicht werden kann."

[95] OLG Celle Beschluß v. 12. 12. 1962, in: FamRZ 1963, S. 365.

[96] OLG Frankfurt Beschluß v. 29. 4. 1968, in: OLGZ 1968, S. 376.

[97] BayObLG Beschluß v. 24. 10. 1968, in: BayObLGZ 1968, S. 262.

[98] OLG Celle Beschluß v. 12. 12. 1962, in: FamRZ 1963, S. 365.

kurz und bündig so: „Mutter und Kind besitzen die deutsche Staatsangehörigkeit. Daß die Mutter daneben auch österreichische Staatsangehörige ist, ist unwesentlich, denn bei mehrfacher Staatsangehörigkeit wird, wenn eine davon die deutsche ist, dieser der Vorzug gegeben"[99], und in den Gründen des 1a Zivilsenats beim Bayerischen Obersten Landesgericht lesen wir bezüglich der Wirksamkeit des Testaments des am 17. 11. 1957 in Ostpreußen verstorbenen Anton B.: „Er wäre dann Doppelstaater gewesen und von den deutschen Gerichten bei der Anwendung des deutschen internationalen Privatrechts und des internationalen Verfahrensrechts als deutscher Staatsangehöriger zu behandeln."[100] In Beschlüssen des Bayerischen Obersten Landesgerichts und des Oberlandesgerichts Karlsruhe vom 19. 11. 1964[101] bzw. vom 25. 10. 1968[102], die beide deutsches materielles Recht anwenden, werden FERID, KEGEL und BEITZKE immerhin schon als „anderer Ansicht" zitiert; das Kammergericht Berlin hebt darüber hinaus sogar am 14. 8. 1961 bei der Feststellung der Ehelichkeit und des Familiennamens des am 2. 5. 1948 geborenen Kimon Taylor und seines am 5. 8. 1949 geborenen Bruders Raimon nach Hinweis auf die Rechtsprechung des Reichsgerichts und des Bundesgerichtshofs als zusätzliche Begründung auf die engere Beziehung zum deutschen Rechtsgebiet ab: „Sind die Kinder hiernach unehelich, so ist für das Rechtsverhältnis zwischen ihnen und der Mutter gemäß Art. 20 S. 1 EGBGB das Heimatrecht der Mutter maßgebend. Die Mutter hat durch die Eingehung einer Nichtehe die deutsche Staatsangehörigkeit nicht verloren. Ob sie daneben die griechische Staatsangehörigkeit auf Grund der nach Maßgabe des griechischen Rechts gültigen Eheschließung erworben hat, ist unerheblich (RGZ 150, 382; BGHZ 3, 178), zumal die Mutter ihren gewöhnlichen Aufenthalt in Deutschland beibehalten und deshalb zum deutschen Rechtsgebiet die engeren Beziehungen hat (vgl. Ferid, RabelsZ 1958, 498; Siebert-Kegel, a. a. O., Art. 29 EGBGB Anm. 29)."[103]

Das erste Abweichen von der festgefügten Auffassung der Rechtsprechung finden wir in einem Beschluß des Oberlandesgerichts Stuttgart vom 5. 4. 1968 – interessanterweise anläßlich einer Fallkonstellation, wie sie bereits von FERID zur Illustration unbilliger Ergebnisse der herrschenden Meinung herangezogen worden war. Hierbei handelte es sich um die Anerkennung einer 1964 vor dem Bezirksrabbinat in Haifa registrierten Scheidung zweier von den Nationalsozialisten ausgebürgerter und 1957 wieder eingebürgerter deutscher Juden, die zwischenzeitlich die israelische Staatsbürgerschaft erlangt und in Israel geheiratet

[99] OLG Frankfurt Beschluß v. 29. 4. 1968, in: OLGZ 1968, S. 378.
[100] BayObLG Beschluß v. 24. 10. 1968, in: BayObLGZ 1968, S. 265.
[101] BayObLG Beschluß v. 19. 11. 1964, in: BayObLGZ 1964, S. 385 = FamRZ 1965, S. 95.
[102] OLG Karlsruhe Beschluß v. 25. 10. 1968, in: FamRZ 1969, S. 161.
[103] KG Beschluß v. 14. 8. 1961, in: FamRZ 1961, S. 483.

hatten. In den Gründen des Beschlusses, mit dem der anderslautende Bescheid des Justizministers des Landes Baden-Württemberg aufgehoben wurde, räumt das Oberlandesgericht ein, der Vorrang der lex fori führe zwar in den meisten Konfliktfällen zu interessegemäßen Ergebnissen, nicht aber in einem Ausnahmefall wie diesem: „Der Senat kann für den vorliegenden Fall nicht der dem angefochtenen Bescheid zugrunde liegenden Meinung folgen, daß für Mehrstaater stets dann die deutschen Gesetze maßgebend seien, wenn eine der Staatsangehörigkeiten die deutsche ist. Diese Auffassung mag in den meisten Konfliktfällen die natürliche sein und zu interessegemäßen Ergebnissen führen, vor allem dann, wenn sich die lex fori zugleich auch noch als Wohnsitzrecht am besten durchsetzen kann (Nachweise). Gewährleistet sie zwar durchweg die ‚bequemsten' Lösungen (Nachweis), so braucht sie darum doch nicht angemessen zu sein in einem Ausnahmefall, um den es hier geht. Hier ist vielmehr der Ansicht von KEGEL (Nachweis) beizutreten. Danach ist allgemein die Rechtsordnung des Staates anzuwenden, dem die Mehrstaater am engsten verbunden sind. Das muß zumindest dort gelten, wo die deutsche Staatsangehörigkeit erst willkürlich entzogen und sodann im Wege der Wiedergutmachung erneut erteilt wurde."[104] Inwieweit nicht über diesen Ausnahmefall hinaus sogar generell immer die Rechtsordnung anzuwenden ist, der Mehrstaater am engsten verbunden sind, bleibt somit noch offen, wobei eine deutliche Sympathie für die neuere Lehre allerdings unverkennbar ist. Daß der Durchbruch dieser Lehre entscheidend von der Übernahme in die Kommentarliteratur beeinflußt war, zeigt im übrigen schon diese erste anwendende Entscheidung eines Oberlandesgerichts: als Exponent wird nicht FERID zitiert, sondern KEGEL.

In der Folge finden sich noch einmal zwei Beschlüsse von Oberlandesgerichten, die im Rahmen des Minderjährigenschutzabkommens wie selbstverständlich deutsches Recht anwenden. Im Beschluß des 15a Zivilsenats des Oberlandesgerichts Hamm vom 17.12.1971 heißt es ohne Auseinandersetzung mit der neueren Lehre und ohne Belege für die eigene Auffassung: „Im Rahmen des Abkommens gelten keine Sonderlösungen für das Problem der Doppelstaater; diese Frage ist nach den allgemeinen Regeln der Vertragsstaaten zu entscheiden. Damit kommt es für ein deutsches Gericht nur auf die deutsche Staatsangehörigkeit des Kindes an"[105], und in den Gründen des 3. Zivilsenats des Oberlandesgerichts Zweibrücken im Beschluß vom 27.9.1973 lesen wir ebenfalls ohne weitere Begründung: „Da beide Kinder auch die deutsche Staatsangehörigkeit besitzen und die deutsche Staatsangehörigkeit von Mehrstaatlern bei der kollisionsrechtlichen Beurteilung durch den deutschen Richter vorgeht, ist hier wiederum das deutsche materielle Recht maß-

[104] OLG Stuttgart Beschluß v. 5.4.1968, in: FamRZ 1968, S. 390.
[105] OLG Hamm Beschluß v. 17.12.1971, in: FamRZ 1972, S. 313.

gebend."[106] Ihren Höhepunkt findet die Auseinandersetzung in der oberlandesgerichtlichen Rechtsprechung dann in den Jahren 1974 bis 1976. Von den Entscheidungen der Oberlandesgerichte Celle[107], Düsseldorf[108], Hamm[109], Köln[110], Schleswig[111] und des Bayerischen Obersten Landesgerichts[112] seien beispielhaft[113] nur die Entscheidungen des Oberlandesgerichts Düsseldorf vom 17. 5. 1974[114], des Oberlandesgerichts Hamm vom 15. 7. 1975[115] und des Oberlandesgerichts Köln vom 26. 6. 1975 hervorgehoben[116].

Die Düsseldorfer Entscheidung ist in mehrfacher Hinsicht bemerkenswert. Obwohl auch sie den schon „klassischen" Sonderfall der Anerkennung einer in Israel vollzogenen Privatscheidung eines deutsch-israelischen Ehepaares behandelt, beschränkt sich der 3. Senat nicht auf die Argumentation einer Ausnahme zur ansonsten anerkannten Regel vom Vorrang der deutschen Staatsangehörigkeit. Der Senat lehnt generell die bisher herrschende Meinung ab, da sie nicht zu sachlich befriedigenden Lösungen führe, und er bekennt sich (– soweit ersichtlich –) als erstes Oberlandesgericht generell zur Anknüpfung an die in objektiver Hinsicht effektivere Staatsangehörigkeit. Erst nach dieser generellen Festlegung kommt der Senat dann zu dem Ergebnis, daß im konkreten Fall der organische Zusammenhang mit dem Staat Israel der engere, mithin israelisches Recht anwendbar sei. Darüber hinaus ist diese Entscheidung aus einem weiteren Grunde bemerkenswert. Der Justizminister des Landes Nordrhein-Westfalen, dessen Entscheidung durch das Oberlandesgericht aufgehoben wurde, hatte in seiner Begründung zwar zunächst auf die herrschende Meinung hingewiesen, dann aber erklärt, auch nach der Gegenmeinung sei hier deutsches Recht anwendbar, denn der Antragsteller

106 OLG Zweibrücken Beschluß v. 27. 9. 1973, in: FamRZ 1974, S. 154.

107 OLG Celle Beschluß v. 30. 4. 1975, in: FamRZ 1976, S. 158.

108 OLG Düsseldorf Beschluß v. 5. 7. 1974, in: MDR 1974, S. 1023; Beschluß v. 17. 5. 1974, in: FamRZ 1974, S. 528 mit Anmerkung von Beitzke auf S. 532 und Otto auf S. 655.

109 OLG Hamm Urteil v. 13. 6. 1975, in: FamRZ 1975, S. 630; Beschluß v. 15. 7. 1975, in: FamRZ 1976, S. 168 = NJW 1975, S. 2146 (LS): „Der Senat hält an der bisher herrschenden Meinung fest, daß für die Frage nach dem anzuwendenden Erbrecht bei Mehrstaatern mit deutscher Staatsangehörigkeit an die deutsche Staatsangehörigkeit anzuknüpfen sei, und lehnt die Lehre von der effektiveren Staatsangehörigkeit ab"; Beschluß v. 14. 4. 1976, in: NJW 1976, S. 2079.

110 OLG Köln Urteil v. 26. 6. 1975, in: FamRZ 1976, S. 170.

111 OLG Schleswig Beschluß v. 17. 1. 1974, in: StAZ 1974, S. 153.

112 BayObLG Beschluß v. 19. 6. 1975, in: BayObLGZ 1975, S. 218.

113 Neben den vorgenannten Entscheidungen, die sich zu der einen oder anderen Auffassung bekannt haben, existieren weitere Entscheidungen, die sich nicht entschieden haben: so OLG Hamm Urteil v. 4. 11. 1975, in: FamRZ 1976, S. 29 und OLG Düsseldorf Beschluß v. 28. 11. 1975, in: FamRZ 1976, S. 277 mit Anmerkung Otto auf S. 279.

114 OLG Düsseldorf Beschluß v. 17. 5. 1974, in: FamRZ 1974, S. 528 mit Anmerkung Beitzke auf S. 532 und Otto auf S. 655.

115 OLG Hamm Beschluß v. 15. 7. 1975, in: FamRZ 1976, S. 168 = NJW 1975, S. 2146 (LS) wie Fn. 109.

116 OLG Köln Urteil v. 26. 6. 1975, in: FamRZ 1976, S. 170.

lebe seit Jahren ausschließlich in der Bundesrepublik, er betreibe hier ein Gewerbe und beabsichtige, mit seiner deutschen Verlobten eine neue Ehe zu schließen[117]. Das Oberlandesgericht verweist demgegenüber auf den gemeinsamen jüdischen Glauben der Eheleute, auf die Eheschließung und den zunächst gemeinsamen Wohnsitz in Israel, auf die endgültige Rückkehr der Frau nach Israel vor der Scheidung und auf die erst im Wege der Wiedergutmachung erneut erteilte deutsche Staatsangehörigkeit nach Entzug durch den Nationalsozialismus; das alles belege die größere Effektivität der israelischen Staatsangehörigkeit[118]. Ohne bereits jetzt zu einer abschließenden Wertung kommen zu wollen, zeigt sich jedoch schon an diesem Beispiel, daß auch die Lehre vom Vorrang der effektiven Staatsangehörigkeit, wiewohl sie auf objektive und nicht auf subjektive Momente bei der Anknüpfung abheben will, ihre Schwierigkeiten hat. Man mag dem entgegenhalten, unterschiedliche Auffassungen bei der Beweiswürdigung seien nichts Ungewöhnliches; dennoch bleibt, daß der von STURM erhobene Vorwurf der „Gesinnungsschnüffelei"[119] so völlig grundlos nicht ist. Es ist nun einmal charakteristisch für viele Doppelstaater, daß sie nicht nur einem ihrer Heimatländer verbunden sind, sondern daß Beziehungen zu beiden bestehen.

Besonders deutlich tritt die Divergenz in der Rechtsprechung der Oberlandesgerichte bei den Entscheidungen der Oberlandesgerichte Hamm vom 15.7.1975[120] und Köln vom 26. 6. 1975[121] zutage, zumal beide Fälle sich mit dem Problem befassen, welches Recht auf die Erbfolge eines deutschen Doppelstaaters anzuwenden ist. Das OLG Hamm, bei dem es um die Erteilung eines territorial beschränkten Erbscheins bezüglich des Nachlasses des 1898 in Westfalen geborenen und 1969 in Polen gestorbenen Franz A. ging, der unstreitig die deutsche Staatsangehörigkeit behalten, möglicherweise auf Grund des Gesetzes vom 18. 9. 1951 die polnische Staatsangehörigkeit hinzuerworben hatte, argumentiert unter ausführlicher Würdigung von Literatur und Rechtsprechung insbesondere mit der überwiegenden internationalen Praxis und wirft der neuen Lehre vor, die von FERID genannten Merkmale führten zu unerträglicher Unsicherheit und Gefahren für die Beteiligten: „Der Senat sieht keinen Anlaß, von der überkommenen Auffassung, daß für die Frage nach dem von den Gerichten anzuwendenden materiellen Erbrecht bei Mehrstaatern mit deutscher Staatsangehörigkeit auf die deutsche Staatsangehörigkeit abzustellen ist, abzuweichen, und lehnt die Lehre von der effektiveren Staatsangehörigkeit ab. Nach wie vor wird in fast allen Ländern der

[117] Bescheid des Justizministers des Landes Nordrhein-Westfalen v. 14.11.1973, in: FamRZ 1974, S. 194.

[118] OLG Düsseldorf Beschluß v. 17.5.1974, in: FamRZ 1974, S. 528 mit Anmerkung BEITZKE auf S. 532 und OTTO auf S. 655.

[119] STURM, Neue Vorschläge zur IPR-Reform, in: NJW 1974, S. 1037.

[120] OLG Hamm Beschluß v. 15.7.1975, in: FamRZ 1976, S. 168 = NJW 1975, S. 2146 (LS) wie Fn. 109.

[121] OLG Köln Urteil v. 26.6.1975, in: FamRZ 1976, S. 170.

Erde die Auffassung vertreten, daß bei Zusammentreffen mehrerer Staatsangehörigkeiten, von denen eine die des Staates ist, dem das angerufene Gericht angehört, nur die letzte maßgeblich ist (Nachweise). Die von Ferid (a.a.O.) angeführten, oben genannten Merkmale eines besonders engen organischen Zusammenhangs als Voraussetzung der effektiveren Staatsangehörigkeit führen zu unerträglicher Unsicherheit in der Frage nach dem anzuwendenden Recht und daneben auch zu Gefahren für die Beteiligten, die sämtlich nach der überkommenen Auffassung gar nicht auftreten können ..."[122]. Das OLG Köln hingegen argumentiert und entscheidet – ebenfalls unter sorgfältiger Auswertung des Schrifttums – anders; es weist den Pflichtteilsanspruch der enterbten englischen Witwe des in Deutschland geborenen und 1968 in England verstorbenen deutsch-englischen Erblassers Kurt B. zurück, da das in casu anzuwendende englische Recht Pflichtteilsansprüche nicht kenne: „Auch der erkennende Senat schließt sich der neueren Rechtsansicht an. Sie entspricht dem Grundzweck des internationalen Privatrechts, diejenige Rechtsordnung zur Geltung zu bringen, die mit dem Lebenssachverhalt am engsten verknüpft ist (Nachweis). Sie macht den Weg frei für eine umweltbezogene und internationalisierbare, dennoch gesetzeskonforme Lösung der bei doppelter Staatsangehörigkeit typischen Rechtsanwendungskonflikte. Zugleich stimmt sie mit einem zeitgemäßen Verständnis der Staatsangehörigkeit überein, die kein ‚Schicksalsband', sondern eine formale Zuordnung zu einem Staatsverband ist und als internationalprivatrechtlicher Anknüpfungsgrund bei Mehrstaatern leicht zu Zufallsergebnissen führt."[123] Angemerkt sei noch, daß Köln nur dann der ausländischen Staatsangehörigkeit vor der inländischen Vorrang einräumen will, „wenn der Schwerpunkt deutlich im anderen Heimatstaat liegt"[124], wobei die klagende Witwe im übrigen unter Nennung verschiedener Gesichtspunkte die Auffassung vertreten hatte, im vorliegenden Fall sei die deutsche Staatsangehörigkeit die effektivere.

In der Folge sind weniger Entscheidungen der Oberlandesgerichte zu verzeichnen. Lediglich das Bayerische Oberste Landesgericht hält in seinem Beschluß vom 29. 6. 1978 in der Adoptionssache eines Deutsch-Peruaners-Bolivianers gegen die Vorinstanzen ausdrücklich am Vorrang des eigenen Rechts fest: „Die Theorie der ‚effektiven' Staatsangehörigkeit entstand in einer Zeit, da in der Bundesrepublik das Flüchtlings- und Vertriebenenproblem besonders aktuell war, man suchte entsprechende Lösungsmöglichkeiten anzubieten. Zu einer grundsätzlichen Anwendung auf alle Mehrstaater ist die Theorie ungeeignet, da sie ohne hinreichenden Grund zu Rechtsunsicherheit führt. Der für den hypothetischen Parteiwillen im

[122] OLG Hamm Beschluß v. 15.7.1975, in: FamRZ 1976, S. 168ff.
[123] OLG Köln Urteil v. 26.6.1975, in: FamRZ 1976, S. 172.
[124] OLG Köln Urteil v. 26.6.1975, in: FamRZ 1976, S. 172.

internationalen Schuldrecht geprägte Satz Beitzkes: ‚Regel der Regellosigkeit' (Nachweis) läßt sich in weitaus berechtigterem Maße auf das Prinzip der ‚effektiven' Staatsangehörigkeit erweitern."[125] In einem späteren Beschluß desselben 1. Zivilsenats vom 11.6.1979 bleibt die Frage bezüglich der Anerkennung einer in Uruguay erfolgten Scheidung eines Deutsch-Argentiniers von seiner argentinischen Ehefrau dann dahingestellt, da sie nicht entscheidungserheblich war. Der Antragsteller wird darauf verwiesen, daß er als auch Deutscher jederzeit die Möglichkeit habe, in der Bundesrepublik geschieden zu werden[126].

Im Ergebnis kann für die oberlandesgerichtliche Rechtsprechung festgehalten werden, daß trotz beachtlicher Einzelentscheidungen die Mehrzahl der Gerichte an der herkömmlichen Auffassung von der Anwendung deutschen Rechts auf den deutschen Doppelstaater festgehalten hat, wobei sich insbesondere das Oberlandesgericht Hamm und das Bayerische Oberste Landesgericht in der Verteidigung dieser Auffassung hervorgetan haben.

Was den Bundesgerichtshof und die anderen Bundesgerichte betrifft, so hat eine Entwicklung stattgefunden, die sich in drei Phasen einteilen läßt.

In der ersten Phase vertritt der Bundesgerichtshof in zwei Urteilen des 4. Senats vom 4.10.1951[127] und des 5. Senats vom 18.10.1968[128], in denen es um die Scheidung bzw. um das Güterrechtsstatut von jeweils Deutsch-Österreichern geht, ebenso wie der Bundesfinanzhof in einem Urteil vom 15.11.1951[129], die überkommene Auffassung in Übereinstimmung mit der früheren reichsgerichtlichen Rechtsprechung, ohne sich mit anders lautenden Ansichten überhaupt auseinanderzusetzen oder das Thema zu problematisieren. In der Entscheidung vom 4.10.1951 heißt es unter Berufung auf Raape und Wolff: „Die Maßgeblichkeit der inländischen Staatsangehörigkeit und die Unbeachtlichkeit einer daneben bestehenden ausländischen ist auch im deutschen internationalen Privatrecht in den Fällen anerkannt, in denen die Staatsangehörigkeit Anknüpfungspunkt für das anzuwendende materielle Recht ist"[130]; ebenso bestimmt lesen wir in den Gründen des Urteils vom 18.10.1968 mit Hinweis auf Palandt und das Reichsgericht: „Die sich hieraus ergebende Anwendung des österreichischen Rechts würde aber dann

[125] BayObLG Beschluß v. 29. 6. 1978, in: BayObLGZ 1978, S. 168; eine Ausnahme machte das Bayerische Oberste Landesgericht in ständiger Rechtsprechung allerdings bei den persönlichen Beziehungen der Ehegatten, die nach dem gemeinsamen – auch durch die Ehe selbst erworbenen – Heimatrecht beurteilt wurden, so z. B. BayObLG Beschluß v. 8. 6. 1965, in: BayObLGZ 1965, S. 221 = FamRZ 1965, S. 565; dagegen jedoch BGH Urteil v. 28.1.1976, in: FamRZ 1976, S. 202.

[126] BayObLG Beschluß v. 11.6.1979, in: FamRZ 1979, S. 1015.

[127] BGH Urteil v. 4.10.1951, in: BGHZ 3, S. 178 = NJW 1952, S. 184.

[128] BGH Urteil v. 18.10.1968, in: FamRZ 1969, S. 28.

[129] BFH Urteil v. 15.11.1951, zitiert bei W. Friedrich, Aus der Rechtsprechung des BFH im Jahre 1952, in: NJW 1953, S. 731.

[130] BGH Urteil v. 4.10.1951, in: BGHZ 3, S. 181 = NJW 1952, S. 184.

entfallen, wenn der Kl., als er i. J. 1950 die österreichische Staatsangehörigkeit erwarb, seine vorher bestehende deutsche Staatsangehörigkeit behalten hätte; denn in diesem Falle wäre der deutschen Staatsangehörigkeit der Vorzug zu geben."[131]

Die zweite Phase wird markiert durch drei Entscheidungen, in denen es um die Anwendung des Minderjährigenschutzabkommens bei einem deutsch-iranischen Kind (1972)[132], die persönlichen Ehewirkungen bei der Heirat zwischen einer Deutsch-Schweizerin mit einem Schweizer (1976)[133] sowie um das Personalstatut zweier deutscher Kinder mit möglicherweise auch spanischer Staatsangehörigkeit geht (1977)[134]. In allen drei Fällen trifft der Bundesgerichtshof keine so eindeutige Festlegung mehr wie noch 1968; er war dazu auch nicht sonderlich gefordert, weil die deutsche Staatsangehörigkeit aufgrund des Wohnsitzes bzw. des gewöhnlichen Aufenthaltes im Inland jeweils die effektivere war. Wenn der Bundesgerichtshof nunmehr in seinem letzten einschlägigen Beschluß vom 29. 10. 1980[135] anklingen läßt, im Rahmen des Minderjährigenschutzabkommens sei dem Gedanken der effektiven Staatsangehörigkeit immer schon Raum gegeben worden, und sich dabei auf den Vorlegungsbeschluß bezüglich des deutsch-iranischen Kindes vom 20.12.1972[136] beruft, muß festgestellt werden, daß gerade dieser Beschluß, bei dem in der Tat die Zitierung ausschließlich von KEGEL in Soergel-Kegel auffällig ist, von den Anhängern der verschiedenen Auffassungen unterschiedlich interpretiert und jeweils für den eigenen Standpunkt in Anspruch genommen worden ist. OTTO meint z. B.: „Aus dem Zusammenhang ergibt sich zweifelsfrei, daß der BGH die Maßgeblichkeit der inländischen Staatsangehörigkeit aussprechen wollte, also diejenige der lex fori"[137], ohne daß der Bundesgerichtshof in den Folgeentscheidungen zu dieser Deutung Stellung genommen hätte; erst jetzt, nachdem er sich endgültig entschieden hat, deutet er den damaligen Beschluß als ersten Hinweis auf die Anerkennung der Lehre vom Vorrang der effektiven Staatsangehörigkeit. In die Phase der Unentschiedenheit der Bundesgerichte fällt neben einem Urteil des Bundessozialgerichts vom 30. 3. 1977[138] insbesondere das sehr wichtige obiter dictum des Bundesverfassungsgerichts in dem bereits erwähnten Beschluß vom 21.5.1974, in dem es heißt: „So betrachtet ist ... eine doppelte Staatsangehörigkeit für Kinder

[131] BGH Urteil v. 18. 10. 1968, in: FamRZ 1969, S. 30.

[132] BGH Vorlegungsbeschluß v. 20. 12. 1972, in: BGHZ 60, S. 68 = JZ 1974, S. 178 mit Anmerkung von FIRSCHING auf S. 181.

[133] BGH Urteil v. 28. 1. 1976, in: FamRZ 1976, S. 202.

[134] BGH Beschluß v. 7. 12. 1977, in: FamRZ 1978, S. 233.

[135] BGH Beschluß v. 29. 10. 1980, in: NJW 1981, S. 520.

[136] BGH Vorlegungsbeschluß v. 20. 12. 1972, in: BGHZ 60, S. 68 = JZ 1974, S. 178 mit Anmerkung von FIRSCHING auf S. 181.

[137] OTTO, Anmerkung zu OLG Düsseldorf Beschluß v. 17. 5. 1974, in: FamRZ 1974, S. 655.

[138] BSG Urteil v. 30. 3. 1977, in: FamRZ 1977, S. 636.

aus gemischt nationalen Ehen sogar günstiger, weil sie – im Gegensatz zur Anknüpfung an eine ausschließliche möglicherweise bloß formelle Staatsangehörigkeit – zur Anwendung des den Beteiligten näher stehenden Rechts führt."[139] Diese Ausführungen, wenngleich nur obiter dictum bei der Feststellung der Verfassungswidrigkeit des damaligen § 4 Abs. 1 des Reichs- und Staatsangehörigkeitsgesetzes, haben den Verfechtern der neuen Lehre natürlich erheblichen Auftrieb gegeben.

Die endgültige Entscheidung in der Rechtsprechung und damit den Beginn der dritten Phase markiert das Urteil des Bundesgerichtshofs vom 20. 6. 1979, das den Fall eines Sudetendeutschen behandelt, der nach dem Zusammenbruch im Gebiet der jetzigen CSSR verblieben ist – ebenfalls eine der beiden bereits von Ferid behandelten klassischen Fallgruppen. In diesem Urteil bekennt sich der 4. Zivilsenat, nachdem der 5. Senat auf Anfrage erklärt hatte, er halte am Vorrang der deutschen Staatsangehörigkeit nicht mehr fest, so daß eine Anrufung des Großen Senats entbehrlich wurde, wie bereits das Oberlandesgericht Stuttgart als Vorinstanz für die Anknüpfung im Rahmen des deutschen internationalen Privatrechts zum Grundsatz vom Vorrang der effektiven Staatsangehörigkeit: „Der Senat kann sich der früher herrschenden Ansicht, daß für die Anknüpfung an die Staatsangehörigkeit im deutschen internationalen Privatrecht bei einer Bezugsperson, die sowohl ausländischer wie deutscher Staatsangehöriger ist, *stets* die deutsche Staatsangehörigkeit maßgebend sein müsse, nicht anschließen; vielmehr kann es Fälle geben, in denen der ausländischen Staatsangehörigkeit nach den Umständen des Falles ein derartiges Übergewicht zukommt, daß sie für das anzuwendende Recht bestimmend ist. ... Fernziel ist dabei die Erreichung eines internationalen Entscheidungseinklangs. Mit der Ausrichtung des internationalen Privatrechts an der kollisionsrechtlichen Sachgerechtigkeit wäre es aber unvereinbar, an die deutsche Staatsangehörigkeit eines Mehrstaaters selbst dann anzuknüpfen, wenn nach den Umständen des Falles die Beziehung des Mehrstaaters zu seinem ausländischen Heimatstaat wesentlich enger ist."[140] Interessant ist in den Gründen, daß der Bundesgerichtshof die neue Lehre noch sehr behutsam praktizieren will: Die Beziehung zum ausländischen Heimatstaat muß wesentlich enger sein, und es muß der ausländischen Staatsangehörigkeit ein Übergewicht zukommen; in Fällen des non liquet bleibt es demnach beim Vorrang der lex fori. Wesentliches Indiz für die engere Beziehung soll in aller Regel der gewöhnliche Aufenthalt einer Person in einem ihrer Heimatstaaten sein. Im konkreten Fall waren nach Auffassung des Bundesgerichtshofs die Voraussetzungen für eine wesentlich engere Beziehung zur CSSR gegeben; damit war für die Frage der ehelichen Abstammung des Kindes des

[139] BVerfG Beschluß vom 21. 5. 1974, in: BVerfGE 37, S. 257 = FamRZ 1974, S. 589 mit ablehnender Anmerkung von Sturm auf S. 617ff.

[140] BGH Urteil v. 20. 6. 1979, in: BGHZ 75, S. 40f. = FamRZ 1979, S. 696 mit Anmerkung von A. Heldrich auf S. 1006 = NJW 1979, S. 1776 mit Anmerkung von J. Kropholler auf S. 2468.

Sudetendeutschen nicht deutsches sondern tschechoslowakisches Recht anzuwenden.

Diesen Standpunkt und den bereits endgültig vollzogenen Wandel bekräftigte noch einmal ein Urteil vom 17. 4. 1980, in dem es um die Nachlaßregelung eines 1964 in Österreich verstorbenen deutsch-österreichischen Erblassers geht: „Der BGH ... hat durch das genannte Urteil (...) nunmehr dahin entschieden, daß bei Mehrstaatern mit auch deutscher Staatsangehörigkeit im deutschen internationalen Privatrecht ebenfalls an die (effektive) Auslands-Staatsangehörigkeit anzuknüpfen und das ausländische Heimatrecht anzuwenden ist, sofern die Beziehung des Mehrstaaters zu seinem ausländischen Heimatstaat wesentlich enger ist (Nachweis). Diese Entscheidung hat im Schrifttum Zustimmung gefunden (Nachweise); der Senat hält an ihr fest. Für das internationale Erbrecht gilt insoweit nichts anderes."[141] Auch hier kam der nunmehr 4a Zivilsenat zu dem Ergebnis, daß die Beziehung zum zweiten Heimatstaat Österreich wesentlich enger als zu Deutschland sei. Er wandte folglich österreichisches Recht hinsichtlich der Nachlaßregelung an, so daß der nach deutschem Recht geltend gemachte weitere Pflichtteilsanspruch der österreichischen Mutter des Erblassers, die im Wege des Vergleichs vor einem österreichischen Gericht bereits nach Maßgabe des österreichischen Rechts einen Anteil von 1/12 des reinen Nachlasses erlangt hatte, ebenso wie bei der englischen Witwe des deutsch-englischen Erblassers im Fall des Oberlandesgerichts Köln[142] abgewiesen wurde.

Wegen der Formulierungen „wesentlich" engere Beziehung zum zweiten Heimatstaat und „Übergewicht" der ausländischen Staatsangehörigkeit hat es zwischenzeitlich Versuche gegeben, die Rechtsprechung des Bundesgerichtshofs zu relativieren. So hat insbesondere Karl Firsching, der sich bereits früher mehrfach kritisch zur Lehre vom Vorrang der effektiveren Staatsangehörigkeit geäußert hatte[143], erklärt, die neue Rechtsprechung sei „nicht mit vollen Segeln in das Lager der Verfechter des Prinzips der effektiven Staatsangehörigkeit schlechthin übergegangen", eine „nüchterne Auslegung" zeige, der Bundesgerichtshof habe nur den absoluten Vorrang der inländischen Staatsangehörigkeit verwerfen wollen und es laufe wohl auf einen „vernünftigen Kompromiß" heraus. Firsching meint, in alltäglichen Fällen werde es beim Vorrang der inländischen Staatsangehörigkeit bleiben, in Ausnahmesituationen sei allerdings zur Vermeidung unzumutbarer Härten auf die effektivere Staatsangehörigkeit abzustellen[144].

[141] BGH Urteil v. 17. 4. 1980, in: NJW 1980, S. 2017.

[142] OLG Köln Urteil v. 26. 6. 1975, in: FamRZ 1976, S. 170.

[143] Firsching, Einführung in das internationale Privatrecht, München 1974, S. 74; *ders.*, Anmerkung zu BGH Vorlegungsbeschluß v. 20. 12. 1972, in: JZ 1974, S. 181f.

[144] Firsching, Doppelstaater im internationalen Erbrecht, in: IPRax 1981, S. 15.

Diese aus der Sicht der Verfechter der älteren Auffassung etwas optimistische Einschätzung der Konsequenzen aus der neueren Rechtsprechung hat sich jedoch nicht bestätigt. Auch in seiner letzten Entscheidung vom 29. 10. 1980, in der im Rahmen des Minderjährigenschutzabkommens die Frage der elterlichen Gewalt bei einem deutsch-italienischen Kind entschieden werden mußte, hat sich der Bundesgerichtshof – diesmal der 4 b Senat – erneut zum Vorrang der effektiven Staatsangehörigkeit bekannt, ohne bisher auf den von FIRSCHING erhofften „vernünftigen Kompromiß" näher einzugehen. Dort heißt es: „Die früher in der Praxis herrschende Auffassung, daß im internationalen Privatrecht bei Doppelstaatern mit Inlandsstaatsangehörigkeit stets an diese anzuknüpfen sei (Nachweise), ist in der neueren Rechtsprechung des BGH für das deutsche internationale Privatrecht allgemein aufgegeben worden. Der BGH erachtet unter Berücksichtigung des Grundsatzes der effektiven Staatsangehörigkeit in solchen Fällen die ausländische Staatsangehörigkeit für maßgebend, wenn die Beziehung des Mehrstaaters zu seinem ausländischen Heimatstaat wesentlich enger ist als die zum Inland."[145]

## III.

Ungeachtet der Frage, wie sich die Interpretation des Begriffs „wesentlich enger" in der Zukunft gestalten wird, ist damit jedenfalls klargestellt, daß der Bundesgerichtshof seine letzten Entscheidungen nicht als Sonderfälle, als Ausnahmen einer ansonsten kontinuierlich fortgeführten Rechtsprechung sieht, sondern bewußt den Bruch vollzogen und sich der neueren Lehre angeschlossen hat. Für notwendig gehaltene Korrekturen an dieser Lehre sind, wenn wir die Möglichkeit eines gesetzgeberischen Eingriffs zunächst einmal ausklammern, nicht durch eine beschwichtigende Interpretation durchführbar, wenngleich die Forderung nach einer „wesentlich" engeren Beziehung zum Ausland der gerichtlichen Praxis in der Tat noch einen gewissen Spielraum zur bevorzugten Anwendung des heimischen Rechts läßt. Die Diskussion wird ausgehend von der Lehre vom Vorrang der effektiven Staatsangehörigkeit an dieser Lehre selbst und nicht nur an ihrer praktischen Anwendung ansetzen müssen.

Auch wenn die neue Lehre für sich in Anspruch nimmt, eine Entscheidung zwischen den verschiedenen Staatsangehörigkeiten nach objektiven Kriterien zu treffen[146], so zeigt doch die Praxis, daß selbst unter Berücksichtigung des vom Bundesgerichtshof geforderten Übergewichts der ausländischen Staatsangehörigkeit bzw. einer wesentlich engeren Verbundenheit dorthin die Anknüpfung mit einem

[145] BGH Beschluß v. 29. 10. 1980, in: NJW 1981, S. 521f.

[146] FERID, Kollisionsrechtliche Behandlung, S. 508.

gewissen Unsicherheitsfaktor behaftet bleiben wird, wie wir bereits bei der unterschiedlichen Wertung des Oberlandesgerichts Düsseldorf einerseits[147] und des Justizministers des Landes Nordrhein-Westfalen andererseits[148] im Fall der Scheidung eines deutsch-israelischen Ehepaares gesehen haben. So schreibt JOCHEN A. FROWEIN 1977: „Vieles spricht dafür, daß Personen mit mehrfacher Staatsangehörigkeit sich in der Praxis weitgehend aussuchen, auf welche Staatsangehörigkeit sie sich berufen wollen und dabei auch wechseln“[149]; bei BEITZKE heißt es 1972, daß in der Praxis „in vielen Fällen de facto an eine beliebige der vorhandenen Staatsangehörigkeiten angeknüpft worden ist“[150]. Daher sind in der Literatur nie die Stimmen verstummt, die ganz allgemein[151] oder beschränkt auf gewisse Teilbereiche wie insbesondere das Erbrecht[152] Doppelstaatern die Möglichkeit einer Wahl zwischen den verschiedenen Heimatrechten einräumen wollen, wobei hier nur HANS DÖLLE[153] genannt werden soll.

Gegen ein solches Wahlrecht gab und gibt es vor allem das Argument, es führe zu Mißbrauch und Unstetigkeit. RAAPE führte aus, „es entspreche nicht der Bedeutung und Würde des Personalstatuts“[154]; selbst BEITZKE, der dem Gedanken der Rechtswahl nicht völlig ablehnend gegenübersteht[155], hält sie „für keine günstige Schwerpunktbestimmung, weil sie Manipulationen Tür und Tor öffnet“[156]. Dahinter steht offenbar die Sorge, der Doppelstaater könne sich ungerechtfertigte Vorteile verschaffen, wenn er in die Lage versetzt werde, sich wechselnd nach seinem Belieben der einen wie der anderen Rechtsordnung zu bedienen – möglicherweise zum Nachteil Dritter. Auch beruhen diese Bedenken wohl auf einem so verstandenen Gleichheitsgrundsatz, wonach in Fragen des Personalstatuts für jedermann jeweils nur eine Rechtsordnung maßgeblich sein dürfe. Der Gleich-

[147] OLG Düsseldorf Beschluß v. 17. 5. 1974, in: FamRZ 1974, S. 528 mit Anmerkung von BEITZKE auf S. 532 und OTTO auf S. 655.

[148] Bescheid des Justizministers des Landes Nordrhein-Westfalen v. 14.11.1973, in: FamRZ 1974, S. 193.

[149] FROWEIN, Das Individuum als Rechtssubjekt im Konsularrecht, in: Festschrift für F. A. MANN, München 1977, S. 373.

[150] BEITZKE, Staatenlose, Flüchtlinge und Mehrstaater, in: LAUTERBACH, Vorschläge und Gutachten, S. 182.

[151] D. MÜLLER, Die Rechtswahl im internationalen Erbrecht (Bericht über eine Referentenbesprechung im Max-Planck-Institut), in: RabelsZ 31 (1967), S. 337ff.

[152] K. P. HOTZ, Die Rechtswahl im Erbrecht, Diss. Zürich 1969, S. 112; KÜHNE, Die Parteiautonomie im internationalen Erbrecht (Schriften zum deutschen und europäischen Zivil-, Handels- und Prozeßrecht, Bd. 75), Bielefeld 1973, S. 107.

[153] DÖLLE, Die Rechtswahl im internationalen Erbrecht, in: RabelsZ 30 (1966), S. 205ff.

[154] STAUDINGER-RAAPE, Kommentar zum Bürgerlichen Gesetzbuch mit Einführungsgesetz und Nebengesetzen, 9. Aufl., Berlin 1931, Art. 29 EGBGB B III 2 a.

[155] BEITZKE, Das Personalstatut des Doppelstaatlers, in: Festschrift für A. F. SCHNITZER, Genf 1979, S. 19ff.

[156] BEITZKE, Staatenlose, Flüchtlinge und Mehrstaater, in: LAUTERBACH, Vorschläge und Gutachten, S. 166.

heitssatz besagt aber nur, daß Gleiches gleich und Ungleiches ungleich behandelt werden soll, das heißt er verbietet willkürliche Regelungen. Ein durch ein Wahlrecht erweiterter Handlungsspielraum wäre aber nicht willkürlich eingeräumt; er resultierte daher, daß die Voraussetzungen verschieden sind. Solange Mehrfachstaatsangehörigkeiten nicht ausgeschlossen, sondern möglich sind, wäre daher der Gleichbehandlungsgrundsatz kein Hindernis, an diesen Ausnahmetatbestand Sonderregeln anzuknüpfen. Im übrigen ist in dem hier relevanten Fragenkomplex ein gewisses Wahlrecht unter mehreren möglichen Rechtsordnungen ohnehin nicht unbekannt. So überläßt das Haager Abkommen über das auf die letztwilligen Verfügungen anzuwendende Recht vom 5. 10. 1961[157] dem Erblasser die Wahl zwischen den Formen des Verfügungsstaates, des Heimatstaates, des Wohnsitzes, des gewöhnlichen Aufenthaltsortes oder des Ortes, an dem sich unbewegliches Vermögen befindet, wobei, wenn das Testament den Formerfordernissen eines dieser Rechte genügt, es wirksam ist. Ob man darin ein echtes Wahlrecht des Erblassers sehen will, oder ob man sich damit beruhigt, es werde nur alternativ nach den verschiedenen Rechten durchgeprüft, ob eine Verfügung objektiv und unabhängig vom Willen des Erblassers einem der Rechte genügt: im Ergebnis sind letztwillige Verfügungen in unterschiedlichen Formen nach verschiedenen Rechten möglich. Interessanterweise betrifft dann das in Art. 10 des Abkommens jedem Vertragsstaat eingeräumte Vorbehaltsrecht, letztwillige Verfügungen eines seiner Staatsangehörigen in mündlicher Form nicht anzuerkennen, ausdrücklich nur einen seiner Staatsangehörigen, „der keine andere Staatsangehörigkeit besaß“. Sonderregelungen wegen doppelter Staatsangehörigkeit sind also so neu nicht.

Für ein in seinen Grenzen noch zu bestimmendes Wahlrecht des Mehrstaaters zwischen seinen verschiedenen Heimatrechten spricht insbesondere das von den Vertretern der Lehre vom Vorrang der effektiven Staatsangehörigkeit immer wieder betonte Suchen nach einer sachgerechten und den Interessen der Beteiligten entsprechenden Lösung. Es besteht eine gewisse Vermutung dafür, daß die Beteiligten selbst ihre Interessen am besten kennen und wahren.

Ohne diese Frage abschließend beurteilen zu wollen, scheint uns jedenfalls der Vorschlag Beitzke's in seinem Beitrag zur Festschrift für A. F. Schnitzer sachgerecht, Entscheidungen eines ausländischen Heimatgerichts auch dann anzuerkennen, wenn der Staat, dessen Gericht das Urteil gefällt hat, nicht der der effektiven Staatsangehörigkeit war[158]. Insoweit deckt sich dieser Vorschlag Beitzke's mit dem bereits von Sturm, der ja nicht wie Beitzke Anhänger der neuen Lehre ist, sondern am Vorrang des deutschen Rechts grundsätzlich festhalten will, geforderten Vertrauensschutz zu Gunsten des Doppelstaaters bei ausländischen Entschei-

[157] BGBl. 1965 II 1145.

[158] Beitzke, Das Personalstatut des Doppelstaatlers, in: Festschrift für A. F. Schnitzer, Genf 1979, S. 29.

dungen und Rechtshandlungen im Ausland[159]. Ausnahmen müssen selbstverständlich da gelten, wo der Erwerb einer zweiten Staatsangehörigkeit mißbräuchlich zur Erschleichung eines weiteren Gerichtsstandes und des materiellen ausländischen Rechts erfolgte, oder die Anerkennung dem heimischen ordre public widersprechen würde. Auch hinsichtlich von Scheidungen im Ausland bedarf es einer gesonderten Betrachtung, wenn die Ehefrau die weitere ausländische Staatsangehörigkeit erst durch die Heirat erlangt und der Mann gegen den Willen der Frau die Scheidung im Ausland betrieben hat.

Der Grundsatz vom Vorrang der effektiven Staatsangehörigkeit ermöglichte in zweien der konkreten Fälle, über die der Bundesgerichtshof zuletzt zu entscheiden hatte, ein billigenswertes Ergebnis, da er im Fall des in der CSSR verbliebenen Sudetendeutschen[160] und des in Österreich verstorbenen deutsch-österreichischen Erblassers[161] die Anwendung der sachgerechteren ausländischen Rechtsordnung ermöglichte; im Fall des deutsch-italienischen Kindes[162] gelangte das deutsche Recht als das der effektiveren Staatsangehörigkeit zur Geltung. Bedenken müssen wir allerdings anmelden, wenn es um die Behandlung des deutschen Doppelstaaters geht, bei dem die deutsche Staatsangehörigkeit zwar nicht die effektivere ist, der Doppelstaater jedoch die Anwendung deutschen Rechts begehrt. Nach der reinen Lehre vom Vorrang der effektiven Staatsangehörigkeit wäre in diesem Fall nach objektiven Kriterien das zweite, nämlich das ausländische Heimatrecht anzuwenden, gegebenenfalls eben gegen den erklärten Willen.

Eine solche Konsequenz aus der neueren Rechtsprechung und Lehre zu ziehen, wäre sicherlich verfehlt. Selbst wenn z. B. auf Grund eines langjährigen Auslandaufenthalts mit Erwerb der dortigen Staatsangehörigkeit der Schwerpunkt der Existenz in den zweiten Heimatstaat verlagert worden wäre, müßte sich – von Mißbrauchsfällen abgesehen – ein solcher Mehrstaater in Deutschland auf seine deutsche Staatsangehörigkeit berufen können, ohne daß der Kunstgriff einer erneuten Schwerpunktverlagerung, bewiesen durch die Anrufung deutscher Gerichte, erforderlich wäre. Hier ist im übrigen zu fragen, ob nicht alles andere einer stillschweigenden Ausbürgerung gleich käme und sich somit als nicht verfassungskonform erweisen würde. Das Argument, der Mehrstaater selbst habe seine Rechte aus der deutschen Staatsangehörigkeit verwirkt, greift nicht; Art. 18 des Grundgesetzes zählt die verwirkbaren Grundrechte erschöpfend auf[163]. So hat das Bundesverfassungsgericht in seinem Urteil vom 31. 7. 1973 klar und unmißver-

[159] Raape-Sturm, Internationales Privatrecht, 6. Aufl., München 1977, S. 135.
[160] BGH Urteil v. 20. 6. 1979, in: BGHZ 75, S. 32 = FamRZ 1979, S. 696 mit Anmerkung von Heldrich auf S. 1006 = NJW 1979, S. 1776 mit Anmerkung von Kropholler auf S. 2468.
[161] BGH Urteil v. 17. 4. 1980, in: NJW 1980, S. 2016.
[162] BGH Beschluß v. 29. 10. 1980, in: NJW 1981, S. 520.
[163] Maunz-Dürig-Herzog, Grundgesetz, 4. Aufl., München 1974, Art. 16 Rz. 8.

ständlich festgestellt: „Der Status des Deutschen i. S. d. Grundgesetzes, der die in diesem Grundgesetz statuierte deutsche Staatsangehörigkeit besitzt, darf durch keine Maßnahme, die der Bundesrepublik Deutschland zuzurechnen ist, gemindert oder verkürzt werden. Das folgt aus der mit dem Status des Staatsangehörigen verbundenen Schutzpflicht des Heimatstaates. Dazu gehört insbesondere, daß ein Deutscher, wann immer er in den Schutzbereich der staatlichen Ordnung der Bundesrepublik Deutschland gelangt, – solange er nicht darauf verzichtet – einen Anspruch darauf hat, nach dem Recht der Bundesrepublik vor deren Gerichten sein Recht zu suchen."[164] Auch wenn diese Ausführungen primär auf das deutsch-deutsche Verhältnis abzielen, sind sie doch allgemein formuliert. Zu den Rechten aus der Staatsangehörigkeit gehört ein Teilhabeanspruch an der Schutzfunktion des heimischen Rechts, der nicht durch eine bloße Schwerpunktverlagerung der Lebensverhältnisse entzogen werden darf. Das gilt nicht nur für die Zuständigkeit deutscher Gerichte, die im Rahmen des Zivilprozeßrechts für deutsche Mehrstaater ohnehin unstreitig ist[165]. Wenn das Bundesverfassungsgericht nachdrücklich feststellt, „daß ein Deutscher ... einen Anspruch darauf hat, nach dem Recht der Bundesrepublik vor deren Gerichten sein Recht zu suchen"[166], was meint dann das Bundesverfassungsgericht mit der Wendung „sein Recht suchen"? Damit meint es ganz offenbar doch auch, selbst wenn das nicht näher ausgeführt wird, nach dem gesamten Zusammenhang das materielle Recht der Bundesrepublik Deutschland. Das durchaus begrüßenswerte Bestreben, in größerem Umfang die Anerkennung ausländischer Entscheidungen bei Mehrstaatern zuzulassen oder auf eine sachfremde Anknüpfung bei in ihren Heimatländern verbliebenen Volksdeutschen zu verzichten, kann nicht dazu führen, daß aus dem Mehrstaater unversehens ein Einstaater wird, dessen weiter bestehende deutsche Staatsangehörigkeit als bloßer „Formaltatbestand"[167] unbeachtlich würde. So wie die ältere Auffassung blind war für die weitere Staatsangehörigkeit eines Inländers, so kann bei der neueren Lehre Blindheit entstehen bezogen auf die nicht effektive heimische Staatsangehörigkeit. Man mag mit gewichtigen Argumenten doppelte Staatsangehörigkeiten für unerwünscht halten, das ändert jedoch nichts daran, daß sie möglich und erlaubt sind. Ein Zurückführen des deutschen Doppelstaaters vor deutschen Gerichten auf seine ausschließlich anzuwendende ausländische Staatsangehörigkeit ist genau so bedenklich wie die ausnahmslose Bevorzugung der lex fori.

[164] BVerfG Urteil v. 31. 7. 1973, in: BVerfGE 36, S. 30.

[165] Vgl. die Nachweise bei J. Schröder, Internationale Zuständigkeit, Entwurf eines Systems von Zuständigkeitsinteressen im zwischenstaatlichen Privatverfahrensrecht aufgrund rechtshistorischer, rechtsvergleichender und rechtspolitischer Betrachtungen, RWAkW Abh 47, Opladen 1971, S. 712ff.

[166] BVerfG Urteil v. 31. 7. 1973, in: BVerfGE 36, S. 30.

[167] Vgl. Ferid, Kollisionsrechtliche Behandlung, in: RabelsZ 23 (1958), S. 510.

Im Anschluß an die gerade zitierte Entscheidung des Bundesverfassungsgerichts wäre es sicherlich reizvoll, auf die mögliche Bedeutung des Grundsatzes vom Vorrang der effektiven Staatsangehörigkeit im deutsch-deutschen Verhältnis einzugehen, zumal HELDRICH in seinem Beitrag „Innerdeutsches Kollisionsrecht und Staatsangehörigkeitsfrage" für die Anwendung der neueren Lehre auch insoweit plädiert hat: „Soweit Deutsche, wie die Bürger der DDR und Ost-Berlin, neben der gesamtdeutschen Staatsangehörigkeit auch die besondere Staatsbürgerschaft der DDR besitzen, also faktisch Doppelstaater sind, ist diejenige Rechtsordnung maßgebend, der sie am engsten verbunden sind, bei gewöhnlichem Aufenthalt in der DDR also regelmäßig des Recht dieses Staates."[168] Hier scheint sich auf den ersten Blick ein praktischer Ansatz zu bieten, den Schwierigkeiten – insbesondere verfassungsrechtlichen Schwierigkeiten – auf diesem Gebiet mit einer einfachen und „unpolitischen" Lösung zu entkommen. Bei näherem Hinsehen ergeben sich jedoch Gefahren. Wir wollen im Rahmen dieses Beitrages auf die Sonderproblematik des deutsch-deutschen Verhältnisses nicht näher eingehen und uns lediglich damit begnügen, gerade auch an diesem Punkt unsere Bedenken noch einmal ausdrücklich darzulegen, die bestehen, falls man dem deutschen Mehrstaater vor deutschen Gerichten die Berufung auf seine auch heimische Staatsangehörigkeit verwehren will. Insoweit verweisen wir weiter auf die Ausführungen von KLAUS STERN in seinem Beitrag „Die deutsche Staatsangehörigkeit", wo es heißt: „Im Schrifttum wird dieser Grundsatz (Vorrang der effektiven Staatsangehörigkeit) z. T. jetzt auch im Verhältnis zwischen deutscher Staatsangehörigkeit und Staatsbürgerschaft der DDR angewendet. Ist es schon höchst zweifelhaft, ob die Grundsätze, die für „Mehrstaater" entwickelt wurden, überhaupt auf deutsch/deutsche Staatsangehörigkeitsbeziehungen angewendet werden können, so ist diese Auffassung nach obigen Darlegungen verfassungsrechtlich jedenfalls dann bedenklich, wenn der Betreffende sich auf die deutsche Staatsangehörigkeit vor deutschen Gerichten beruft, weil dadurch der verfassungsrechtliche Schutzanspruch, der den Organen der Bundesrepublik Deutschland gegenüber allen Deutschen obliegt, beeinträchtigt wird. Auch international-privatrechtliche Verweisungsnormen dürfen die grundgesetzlich gebotenen Schutzpflichten nicht abbedingen. Dem kann man sich nicht mit einer angeblichen „verfassungsrechtlichen Neutralität" des internationalen Privatrechts entziehen."[169]

So wie die Anwendung des Grundsatzes der effektiven Staatsangehörigkeit nicht zu einer Diskriminierung des deutschen Mehrstaaters in Deutschland führen darf, so darf sie auch nicht die berechtigten Interessen Dritter beeinträchtigen. Neben

[168] HELDRICH, Innerdeutsches Kollisionsrecht und Staatsangehörigkeitsfrage, in: NJW 1978, S. 2172 = Zeitschrift für Rechtsvergleichung 1978, S. 302.

[169] STERN, Die deutsche Staatsangehörigkeit, Positionen und Begriffe, in: DVBl 1982, S. 173.

dem Mehrstaater selbst können weitere Personen, die mit ihm in Beziehung stehen, von der Anknüpfung an die eine oder andere Staatsangehörigkeit unmittelbar betroffen sein, und die Anwendung des ausländischen Rechts kann die Rechtspositionen solcher Personen unter Umständen empfindlich schmälern. Als Beispiel sei hier der Pflichtteilsanspruch genannt, der verfassungsrechtlich abgesichert zu den Säulen des Erbrechts gehört. Unzulässig erscheint uns insoweit eine Argumentation, daß solche Ansprüche eben deshalb nicht entstünden, weil deutsches Recht nicht angewendet wird und das anzuwendende ausländische Recht sie nicht kennt. Natürlich wird ein Familienangehöriger deutscher Staatsangehörigkeit, der nach hiesigem Recht pflichtteilsberechtigt wäre, durch die strikte Anwendung des Grundsatzes vom Vorrang der effektiveren Staatsangehörigkeit in seinen Rechten dadurch beeinträchtigt, daß er – entgegen der älteren Auffassung – Ansprüche auch im Inland nicht mehr geltend machen kann, wobei die Frage, ob das anzuwendende ausländische Recht möglicherweise in anderer Form noch für die Familie sorgt, hierbei dahinstehen kann. In dieser Situation wiegt unseres Erachtens der Anspruch der eigenen Bürger auf ihren gesetzlich verbürgten Mindeststatus an auch der Disposition des Erblassers selbst entzogenen Rechten schwerer als die Respektierung abweichender Regelungen durch ausländische Gesetzgeber. Genausowenig wie dem Mehrstaater selbst kann anderen deutschen Betroffenen der Schutz des heimischen Rechts entzogen werden. Den Ausführungen DÖLLE's, der den Schutz von Familienangehörigen nicht für so wesentlich hält, da sonst der Gesetzgeber nicht an die Staatsangehörigkeit des Erblassers, sondern die der Angehörigen angeknüpft hätte[170], muß entgegengehalten werden, daß dieser jedenfalls für den Regelfall davon ausgehen konnte, die Interessen der Angehörigen mitberücksichtigt zu haben. Wenn BEITZKE in dem Fall einer deutschen Witwe Pflichtteilsansprüche gegenüber den Erben ihres deutsch-englischen Ehemannes versagen will, weil die englische Staatsangehörigkeit die effektivere gewesen sei[171], und sich hierfür auf das Urteil des Oberlandesgerichts Köln vom 26. 6. 1975[172] beruft, so ist zu entgegnen, daß in dem Kölner Fall die Witwe Engländerin war: Das deutsche Gericht hatte somit keinen Grund, sie mehr als das englische Recht selbst zu schützen. Ebenso wie in dem vom Bundesgerichtshof am 17. 4. 1980[173] entschiedenen Fall, in dem die nach deutschem Recht Pflichtteil begehrende Mutter des deutsch-österreichischen Erblassers Österreicherin war, hätte somit anders entschieden werden müssen, wenn deutsche Angehörige Pflichtteilsansprüche geltend gemacht hätten.

[170] DÖLLE, Die Rechtswahl im internationalen Erbrecht, in: RabelsZ 30 (1966), S. 217.
[171] BEITZKE, Das Personalstatut des Doppelstaatlers, in: Festschrift für A. F. SCHNITZER, Genf 1979, S. 35.
[172] OLG Köln Urteil v. 26. 6. 1975, in: FamRZ 1976, S. 170.
[173] BGH Urteil v. 17. 4. 1980, in: NJW 1980, S. 2016.

Die vom Bundesgerichtshof nach der neueren Auffassung entschiedenen Fälle sind vom Ergebnis her durchaus zu begrüßen. Die Lehre vom Vorrang der effektiven Staatsangehörigkeit befreit von der Blindheit gegenüber der zweiten Staatsangehörigkeit des deutschen Doppelstaaters und ermöglicht die Anerkennung von Entscheidungen oder die Respektierung von Rechtshandlungen im zweiten Heimatstaat. Diese Vorteile dürfen jedoch ihrerseits nun nicht blind machen gegenüber Gefahren, die bei einer zu rigorosen Anwendung der neuen Lehre auftreten können. Einzelfallgerechtigkeit und Schutz der eigenen Bürger haben Vorrang vor einer ausnahmslosen Geltung des Grundsatzes vom Vorrang der effektiven Staatsangehörigkeit, wobei die Frage der Einzelfallgerechtigkeit unseres Erachtens auch schon bei der Frage nach der im Einzelfall anzuwendenden Heimatrechtsordnung auftaucht. Es erscheint uns eine Verdrängung des Problems, die Frage der Einzelfallgerechtigkeit im Rahmen des internationalen Privatrechts zunächst auszuklammern und auf die Lösung im Rahmen der dann anzuwendenden jeweiligen Rechtsordnung zu verweisen; dies auch deshalb, weil – wie wir am Beispiel des Pflichtteilsrechts gesehen haben – das ausländische Recht auf Grund anderer Wertungen und anderer Lösungen das nicht in allen Fällen leisten kann.

Wie wenig gesichert die neue Lehre trotz ihres Durchbruchs beim Bundesgerichtshof ist, zeigt ein (– freilich noch nicht veröffentlichter –) Referentenentwurf zum „Gesetz zur Neuregelung des Internationalen Privatrechts" vom 20. März 1981, in dem es zum Personalstatut in Art. 5 (1) heißt: „Wird auf das Recht des Staates verwiesen, dem eine Person angehört, und gehört sie mehreren Staaten an, so ist das Recht desjenigen dieser Staaten anzuwenden, mit dem die Person nach dem Verlauf ihres Lebens am engsten verbunden ist, insbesondere durch ihren persönlichen Aufenthalt. Besitzt die Person auch die deutsche Staatsangehörigkeit, so geht diese vor". Kein Zweifel: dieser im Bundesjustizministerium erarbeitete Entwurf hat mit seiner ausnahmslosen Bevorzugung der deutschen Staatsangehörigkeit des deutschen Mehrstaaters sowohl die internationale Praxis als auch die größere Praktikabilität auf seiner Seite. Rufen wir uns noch einmal § 4 des „Kühne-Entwurfs" zum IPR-Gesetz in Erinnerung: „Soweit auf das Recht des Staates verwiesen wird, dem eine Person angehört, ist bei mehrfacher Staatsangehörigkeit das Recht desjenigen Staates maßgebend, mit dem die Person am engsten verbunden ist"[174]. Deuten wir die Zeichen am Himmel der Gesetzgebung richtig, dann ist es um das Schicksal des „Kühne-Entwurfs" und der Vorschläge des Deutschen Rates für IPR nicht gerade gut bestellt, das umso mehr, als der Gesetzgeber bei der Regelung dieser Materie stets auch die besonderen innerdeutschen Probleme auf diesem Felde zu berücksichtigen hat, die mit der Existenz der beiden Staaten in Deutsch-

[174] KÜHNE, IPR-Gesetzentwurf, S. 3.

land und der uns bindenden verfassungsrechtlichen Schranken auferlegt sind. Österreich, frei von ähnlichen „österreichisch-österreichischen" Lasten, bot in jüngster Vergangenheit geradezu ein Schulbeispiel dafür, wie schnell im Verlauf der Gesetzgebung eingeschlagene Wege vom Gesetzgeber wieder verlassen werden können, um auf bewährte Straßen zurückzukehren. Der Entwurf zum österreichischen IPR-Gesetz war noch mit der Übernahme von § 4 des „Kühne-Entwurfs" dem Deutschen Rat für IPR gefolgt, der österreichische Gesetzgeber hingegen schrieb für österreichische Mehrstaater den Vorrang der österreichischen Staatsangehörigkeit fest, was, wie FIRSCHING zutreffend anmerkt, „mit Chauvinismus (dies muß im Hinblick auf die Entscheidung des OLG Köln klargestellt werden) überhaupt nichts zu tun hat"[175]. FIRSCHING, darum bemüht, „den Belangen der Praxis, aber auch dem Anliegen der Theorie noch am ehesten gerecht" zu werden, schlägt seinerseits einen Mittelweg mit einer einzelfallorientierten Härteklausel vor: „(1) Soweit auf das Recht des Staates verwiesen wird, dem eine Person angehört, ist bei mehrfacher Staatsangehörigkeit das Recht desjenigen Staates maßgebend, mit dem die Person am engsten verbunden ist. (2) Für Mehrstaater mit (deutscher =) inländischer Staatsangehörigkeit ist diese maßgebend. Führt dies im Einzelfall zu einer untragbaren Härte, so verbleibt es bei der Regelung in Abs. 1"[176].

Der von FIRSCHING vorgeschlagene „Mittelweg" will ganz offensichtlich die Möglichkeit flexibler Entscheidungen offenhalten, sicherlich in dem Bewußtsein, daß, gleich wo der Ausgangspunkt für eine gesetzliche Regelung auch genommen wird, eine generalisierende Lösung sich bei der Behandlung des deutschen Doppelstaaters mit Rücksicht auf den Grundsatz der Einzelfallgerechtigkeit ebenso wie mit Rücksicht auf den gebotenen Schutz der eigenen Bürger als unbefriedigend erweisen muß. Aber es darf auch nicht übersehen werden, daß die mit der deutschen Staatsangehörigkeit verbundenen Probleme zu den politisch und verfassungsrechtlich besonders empfindlichen Materien gehören, daß Neuregelungen im IPR-Bereich auch neue Interpretationsmöglichkeiten eröffnen würden, deren Folgen für den Gesetzgeber nur schwer ganz abgeschätzt werden können, so daß als der „sicherere Weg" der vertraute Weg vom Vorrang der heimischen Staatsangehörigkeit sich empfiehlt, und dabei wird das österreichische Beispiel jedenfalls ins Gewicht fallen. Gäbe es solche Rücksichtnahmen nicht (– wie immer sie rechtsdogmatisch auch überzeugend sein mögen, sie erfahren naturgemäß im Gesetzgebungsverfahren eine stärkere Gewichtung als in der Judikatur –), so wären wir geneigt, von der „Gefahr" zu sprechen, daß die Möglichkeit, den Grundsatz vom Vorrang der effektiven Staatsangehörigkeit auch beim deutschen Mehrstaater anzuwenden, vom Gesetzgeber preisgegeben wird, aber es gibt sie nun einmal, und

175 FIRSCHING, Doppelstaater im internationalen Erbrecht, in: IPRax 1981, S. 17.
176 FIRSCHING, Doppelstaater im internationalen Erbrecht, in: IPRax 1981, S. 17.

ihnen wird wohl am ehesten durch den Vorrang der deutschen Staatsangehörigkeit beim deutschen Mehrstaater Rechnung getragen, so daß man zur Zeit nicht von der „Gefahr", sondern von der „Notwendigkeit" sprechen kann, in einem künftigen Gesetz zur Neuregelung des Internationalen Privatrechts den Vorrang der deutschen Staatsangehörigkeit festzuschreiben.

Unabhängig davon bleibt es jedoch wünschenswert, die Probleme mehrfacher Staatsangehörigkeiten in internationalen Abkommen so zu regeln, daß die größere Respektierung weiterer ausländischer Staatsangehörigkeiten keine Einbahnstraße wird. Sowohl die Lehre vom Vorrang der effektiven Staatsangehörigkeit wie auch die mit einer Härteklausel modifizierte ältere Auffassung vom grundsätzlichen Vorrang der deutschen Staatsangehörigkeit bieten hierzu hinreichend Ansätze.

Bei Raape-Sturm lesen wir: „Zu Gunsten des Mehrstaaters gilt also ein gewisser Vertrauensschutz. Wer den sauren Tropfen trinkt, in der Welt hin- und hergerissen zu werden, und dabei mancherlei Nachteile in Kauf nehmen muß, dem sollten wir den süßen nicht vorenthalten."[177] Dem wird man zustimmen können, freilich mit der Hoffnung, daß dieser Satz dann auch in allen Staaten gelten sollte.

[177] Raape-Sturm, Internationales Privatrecht, 6. Aufl., München 1977, S. 135.

# Anhang

Während der Drucklegung dieses Beitrages beschloß die Bundesregierung den „Entwurf eines Gesetzes zur Neuregelung des Internationalen Privatrechts" und leitete ihn am 20. Mai 1983 mit Begründung und Vorblatt dem Bundesrat zu (BR-Drucksache 222/83). Damit ist die Gesetzgebung in ein entscheidendes Stadium eingetreten. Der Entwurf der Bundesregierung sieht folgende Regelung vor:

„Artikel 5
Personalstatut

(1) Wird auf das Recht des Staates verwiesen, dem eine Person angehört, und gehört sie mehreren Staaten an, so ist das Recht desjenigen dieser Staaten anzuwenden, mit dem die Person am engsten verbunden ist, insbesondere durch ihren gewöhnlichen Aufenthalt oder durch den Verlauf ihres Lebens. Ist die Person auch Deutscher, so geht diese Rechtsstellung vor."

In ihrer Begründung zum „Entwurf eines Gesetzes zur Neuregelung des Internationalen Privatrechts" führt die Bundesregierung zu Artikel 5 (Personalstatut) u. a. aus:

„Artikel 5 faßt einige allgemeine Regeln zusammen, die in den Fällen heranzuziehen sind, in denen die Anknüpfung an die Staatsangehörigkeit oder den Aufenthalt einer Person fehl geht oder nicht zu einem befriedigenden Ergebnis führt. Die Absätze 1 und 3 sind als gesetzliches Recht neu, Absatz 2 übernimmt den bisherigen Artikel 29 EGBGB.

Absatz 1

Knüpft eine Kollisionsnorm an die Staatsangehörigkeit an, so kann das anwendbare Recht nicht ohne weiteres bestimmt werden, wenn die betreffende Person mehr als einem Staat angehört. Das kann z. B. dadurch eintreten, daß eine Person bei der Geburt die Staatsangehörigkeit der Eltern kraft Abstammung und eine zweite kraft Geburtsort erwirbt. Ferner kann eine weitere Staatsangehörigkeit etwa durch Eheschließung oder andere familienrechtliche Vorgänge hinzuerworben werden (ein Beispiel in BayObLGZ 1978, S. 162). Da die Erwerbsgründe für die Staatsangehörigkeit in neuerer Zeit eher erweitert und die Verlustgründe eingeschränkt werden, treten Fälle mehrfacher Staatsangehörigkeit häufiger auf.

Die Vorschrift erfaßt zwei herkömmlicherweise unterschiedene Fallgruppen:

a) Die miteinander konkurrierenden Staatsangehörigkeiten sind sämtlich solche fremder Staaten.
b) Eine Person mit fremder Staatsangehörigkeit ist zugleich Deutscher.

Im Fall a) hat die Gerichtspraxis (schon RG, Zeitschrift für Internationales Privat- und öffentliches Recht Band 18 [1908], S. 535 [539]) seit jeher die Angehörigkeit zu dem Staat als ausschlaggebend angesehen, mit dem der Mehrstaater am engsten verbunden ist. Im Fall b) bestand in der Rechtsprechung zunächst weitgehend Einigkeit darüber, daß der Rechtsstellung als Deutscher der Vorzug zu geben sei (RGZ 150, S. 374 [376, 382]; BGH, FamRZ 1969, S. 28 [30]; OLG Celle, FamRZ 1976, S. 157 [158]; OLG Hamm, NJW 1975, S. 2145, FamRZ 1976, S. 168ff.; BayObLGZ 1978, S. 162 [168]). Demgegenüber vertritt in jüngerer Zeit besonders der Bundesgerichtshof die Auffassung, daß auch in diesem Fall dem Grundsatz der engsten Verbindung dann zu folgen ist, wenn die Beziehung zu dem fremden Staat wesentlich enger ist (BGHZ 75, S. 32 [33, 38ff.]; BGH, NJW 1980, S. 2016).

Der Entwurf von Kühne (§ 4) geht (im Anschluß an die Vorschläge und Gutachten des Deutschen Rates zur Reform des deutschen internationalen Personen- und Sachenrechts, 1972, S. 5) noch einen Schritt weiter und behandelt beide Fälle des Zusammentreffens mehrerer Staatsangehörigkeiten gleichermaßen nach dem Grundsatz der engsten Verbindung. Der vorliegende Entwurf kehrt aus Gründen der Rechtsklarheit und Praktikabilität für Fall b) zu der früher in der Rechtsprechung überwiegenden Auffassung zurück. Die Beachtung der effektiven Staatsangehörigkeit muß häufiger zu Grenzfällen führen, in denen kein eindeutiger Vorrang einer Staatsangehörigkeit festgestellt werden kann. Diese Unsicherheit könnte zu Lasten der eigenen Rechtsordnung nur hingenommen werden, wenn keine klare und einfache Lösung zur Verfügung stünde. Eine solche Lösung liegt im Vorrang der eigenen Staatsangehörigkeit, zu dem sich – wie international üblich (vgl. BayObLGZ 1978, S. 162 [168] m. w. N.) – auch § 9 Abs. 1 Satz 2 des österreichischen IPR-Gesetzes bekennt.

Absatz 1 schließt es nicht aus, in einigen Sonderfällen auch die nicht effektive oder nicht deutsche Staatsangehörigkeit eines Mehrstaaters zu berücksichtigen, so bei den Rechtswahlmöglichkeiten nach Artikel 10 Abs. 3, Artikel 14 Abs. 2 EGBGB-E. Die Bestimmung ist im übrigen bewußt für das Internationale Privatrecht formuliert; im internationalen Verfahrensrecht kann die mehrfache Staatsangehörigkeit zu anderen, teilweise erheblich abweichenden Folgen führen."

(BR-Drucksache 222/83, S. 40f.).

## *Veröffentlichungen der Rheinisch-Westfälischen Akademie der Wissenschaften*

### Neuerscheinungen 1973 bis 1983

| *Vorträge G Heft Nr.* | | GEISTESWISSENSCHAFTEN |
|---|---|---|
| 184 | *Kurt Bittel, Berlin* | Archäologische Forschungsprobleme zur Frühgeschichte Kleinasiens |
| 185 | *Paul Egon Hübinger, Bonn* | Die letzten Worte Papst Gregors VII. |
| 186 | *Günter Kahle, Köln* | Das Kaukasusprojekt der Alliierten vom Jahre 1940 |
| 187 | *Hans Erich Stier, Münster* | Welteroberung und Weltfriede im Wirken Alexanders d. Gr. |
| 188 | *Jacques Droz, Paris* | Einfluß der deutschen Sozialdemokratie auf den französischen Sozialismus (1871–1914) |
| 189 | *Eleanor v. Erdberg-Consten, Aachen* | Die Architektur Taiwans<br>Ein Beitrag zur Geschichte der chinesischen Baukunst |
| 190 | *Herbert von Einem, Bonn* | Die Medicimadonna Michelangelos |
| 191 | *Ulrich Scheuner, Bonn* | Das Mehrheitsprinzip in der Demokratie |
| 192 | *Theodor Schieder, Köln* | Probleme einer europäischen Geschichte<br>Jahresfeier am 30. Mai 1973 |
| 193 | *Erich Otremba, Köln* | Die „Kanalstadt". Der Siedlungsraum beiderseits des Ärmelkanals in raumdynamischer Betrachtung |
| 194 | *Max Wehrli, Zürich* | Wolframs ‚Titurel' |
| 195 | *Heinrich Dörrie, Münster* | Pygmalion – Ein Impuls Ovids und seine Wirkungen bis in die Gegenwart |
| 196 | *Jan Hendrik Waszink, Leiden* | Biene und Honig als Symbol des Dichters und der Dichtung in der griechisch-römischen Antike |
| 197 | *Henry Chadwick, Oxford* | Betrachtungen über das Gewissen in der griechischen, jüdischen und christlichen Tradition |
| 198 | *Ernst Benda, Karlsruhe* | Gefährdungen der Menschenwürde |
| 199 | *Herbert von Einem, Bonn* | ‚Die Folgen des Krieges'. Ein Alterswerk von Peter Paul Rubens |
| 200 | *Hansjakob Seiler, Köln* | Das linguistische Universalienproblem in neuer Sicht |
| 201 | *Werner Flume, Bonn* | Gewohnheitsrecht und römisches Recht |
| 202 | *Rudolf Morsey, Speyer* | Zur Entstehung, Authentizität und Kritik von Brünings „Memoiren 1918–1934" |
| 203 | *Stephan Skalweit, Bonn* | Der „moderne Staat". Ein historischer Begriff und seine Problematik |
| 204 | *Ludwig Landgrebe, Köln* | Der Streit um die philosophischen Grundlagen der Gesellschaftstheorie |
| 205 | *Elmar Edel, Bonn* | Ägyptische Ärzte und ägyptische Medizin am hethitischen Königshof<br>Neue Funde von Keilschriftbriefen Ramses' II. aus Bogazköy |
| 206 | *Eduard Hegel, Bonn* | Die katholische Kirche Deutschlands unter dem Einfluß der Aufklärung des 18. Jahrhunderts |
| 207 | *Friedrich Ohly, Münster* | Der Verfluchte und der Erwählte. Vom Leben mit der Schuld |
| 208 | *Siegfried Herrmann, Bochum* | Ursprung und Funktion der Prophetie im alten Israel |
| 209 | *Theodor Schieffer, Köln* | Krisenpunkte des Hochmittelalters<br>Jahresfeier am 7. Mai 1975 |
| 210 | *Ulrich Scheuner, Bonn* | Die Vereinten Nationen als Faktor der internationalen Politik |
| 211 | *Heinrich Dörrie, Münster* | Von Platon zum Platonismus<br>Ein Bruch in der Überlieferung und seine Überwindung |
| 212 | *Karl Gustav Fellerer, Köln* | Der Akademismus in der deutschen Musik des 19. Jahrhunderts |
| 213 | *Hans Kauffmann, Bonn* | Probleme griechischer Säulen |
| 214 | *Ivan Dujčev, Sofia* | Heidnische Philosophen und Schriftsteller in der alten bulgarischen Wandmalerei |
| 215 | *Bruno Lewin, Bochum* | Der koreanische Anteil am Werden Japans |
| 216 | *Tilemann Grimm, Tübingen* | Meister Kung<br>Zur Geschichte der Wirkungen des Konfuzius |
| 217 | *Harald Weinrich, Bielefeld* | Für eine Grammatik mit Augen und Ohren, Händen und Füßen – am Beispiel der Präpositionen |
| 218 | *Roman Jakobson, Cambridge, Mass.* | Der grammatische Aufbau der Kindersprache |
| 219 | *Jan Öberg, Stockholm* | Das Urkundenmaterial Skandinaviens<br>Bestände, Editionsvorhaben, Erforschung |

| | | |
|---|---|---|
| 220 | *Werner Beierwaltes, Freiburg i. Br.* | Identität und Differenz. Zum Prinzip cusanischen Denkens |
| 221 | *Walter Hinck, Köln* | Vom Ausgang der Komödie. Exemplarische Lustspielschlüsse in der europäischen Literatur |
| 222 | *Heinz Hürten, Freiburg i. Br.* | Reichswehr und Ausnahmezustand. Ein Beitrag zur Verfassungsproblematik der Weimarer Republik in ihrem ersten Jahrfünft |
| 223 | *Bernhard Kötting, Münster* | Religionsfreiheit und Toleranz im Altertum<br>Jahresfeier am 18. Mai 1977 |
| 224 | *Karl J. Narr, Münster* | Zeitmaße in der Urgeschichte |
| 225 | *Karl Eduard Rothschuh, Münster* | Iatromagie: Begriff, Merkmale, Motive, Systematik |
| 226 | *Samuel R. Spencer jr., Davidson, North Carolina* | Die amerikanische Stimmung im Jahr des Janus |
| 227 | *Paul Mikat, Düsseldorf* | Dotierte Ehe – rechte Ehe. Zur Entwicklung des Eheschließungsrechts in fränkischer Zeit |
| 228 | *Herbert Franke, München* | Nordchina am Vorabend der mongolischen Eroberungen: Wirtschaft und Gesellschaft unter der Chin-Dynastie (1115–1234) |
| 229 | *András Mócsy, Budapest* | Zur Entstehung und Eigenart der Nordgrenzen Roms |
| 230 | *Heinrich Dörrie, Münster* | Sinn und Funktion des Mythos in der griechischen und der römischen Dichtung |
| 231 | *Jean Bingen, Brüssel* | Le Papyrus Revenue Laws –<br>Tradition grecque et Adaptation hellénistique |
| 232 | *Niklas Luhmann, Bielefeld* | Organisation und Entscheidung |
| 233 | *Louis Reekmans, Leuven* | Die Situation der Katakombenforschung in Rom |
| 234 | *Josef Pieper, Münster* | Was heißt Interpretation? |
| 235 | *Walther Heissig, Bonn* | Die Zeit des letzten mongolischen Großkhans Ligdan (1604–1634) |
| 236 | *Alf Önnerfors, Köln* | Die Verfasserschaft des Waltharius-Epos aus sprachlicher Sicht |
| 237 | *Walther Heissig, Bonn* | Die mongolischen Heldenepen – Struktur und Motive |
| 238 | *Günther Stökl, Köln* | Osteuropa – Geschichte und Politik<br>Jahresfeier am 23. Mai 1979 |
| 239 | *Wilhelm Weber, Münster* | Geld, Glaube, Gesellschaft |
| 240 | *Giovanni Nencioni, Florenz* | Lessicografia e Letteratura Italiana |
| 241 | *Arno Esch, Bonn* | Zur Situation der zeitgenössischen englischen Lyrik |
| 242 | *Otto Pöggeler, Bochum*<br>*Heinz Breuer, Bonn* | Fragen der Forschungspolitik |
| 243 | *Klaus Stern, Köln* | Verfassungsgerichtsbarkeit zwischen Recht und Politik |
| 244 | *Klaus W. Niemöller, Münster* | Der sprachhafte Charakter der Musik |
| 245 | *Jürgen Untermann, Köln* | Trümmersprachen zwischen Grammatik und Geschichte |
| 246 | *Clemens Menze, Köln* | Leibniz und die neuhumanistische Theorie der Bildung des Menschen |
| 247 | *Helmut Schelsky, Münster* | Die juridische Rationalität |
| 248 | *Ulrich Scheuner, Bonn* | Der Beitrag der deutschen Romantik zur politischen Theorie |
| 249 | *Georg Kauffmann, Münster* | Zum Verhältnis von Bild und Text in der Renaissance |
| 250 | *Rudolf Kassel, Köln* | Dichtkunst und Versifikation bei den Griechen |
| 251 | *Hans Schadewaldt, Düsseldorf* | Idiosynkrasie, Anaphylaxie, Allergie, Atopie –<br>Ein Beitrag zur Geschichte der Überempfindlichkeitskrankheiten |
| 252 | *Walter Hinck, Köln* | Haben wir heute vier deutsche Literaturen oder *eine?* Plädoyer in einer Streitfrage<br>Jahresfeier am 13. Mai 1981 |
| 253 | *Heinz Gollwitzer, Münster* | Vorüberlegungen zu einer Geschichte des politischen Protestantismus nach dem konfessionellen Zeitalter |
| 254 | *Martin Honecker, Bonn* | Evangelische Theologie vor dem Staatsproblem |
| 255 | *Paul Mikat, Düsseldorf* | Rechtsprobleme der Schlüsselgewalt |
| 256 | *Ernst Dassmann, Bonn* | Paulus in frühchristlicher Frömmigkeit und Kunst |
| 257 | *Reinhold Merkelbach, Köln* | Weihegrade und Seelenlehre der Mithrasmysterien |
| 258 | *Bruno Lewin, Bochum* | Sprachbetrachtung und Sprachwissenschaft im vormodernen Japan |
| 259 | *Boris Meissner, Köln* | Das Verhältnis von Partei und Staat im Sowjetsystem |
| 260 | *Hans-Rudolf Schwyzer, Zürich* | Ammonios Sakkas, der Lehrer Plotins |
| 261 | *Eugen Ewig, Bonn* | Die Merowinger und das Imperium |
| 262 | *Armin Kaufmann, Bonn* | Die Aufgabe des Strafrechts |
| 263 | *Gerard Verbeke, Leuven* | Avicenna, Grundleger einer neuen Metaphysik |
| 264 | *Roger Goepper, Köln* | Das Kultbild im Ritus des esoterischen Buddhismus Japans |
| 265 | *Paul Mikat, Düsseldorf* | Zur Diskussion um die Lehre vom Vorrang der effektiven Staatsangehörigkeit |
| 266 | *Gerhard Kegel, Köln* | Haftung für Zufügung seelischer Schmerzen<br>Jahresfeier am 11. Mai 1983 |

## ABHANDLUNGEN

| *Band Nr.* | | |
|---|---|---|
| 36 | *Iselin Gundermann, Bonn* | Untersuchungen zum Gebetbüchlein der Herzogin Dorothea von Preußen |
| 37 | *Ulrich Eisenhardt, Bonn* | Die weltliche Gerichtsbarkeit der Offizialate in Köln, Bonn und Werl im 18. Jahrhundert |
| 38 | *Max Braubach, Bonn* | Bonner Professoren und Studenten in den Revolutionsjahren 1848/49 |
| 39 | *Henning Bock (Bearb.), Berlin* | Adolf von Hildebrand, Gesammelte Schriften zur Kunst |
| 40 | *Geo Widengren, Uppsala* | Der Feudalismus im alten Iran |
| 41 | *Albrecht Dihle, Köln* | Homer-Probleme |
| 42 | *Frank Reuter, Erlangen* | Funkmeß. Die Entwicklung und der Einsatz des RADAR-Verfahrens in Deutschland bis zum Ende des Zweiten Weltkrieges |
| 43 | *Otto Eißfeldt, Halle, und Karl Heinrich Rengstorf, Münster (Hrsg.)* | Briefwechsel zwischen Franz Delitzsch und Wolf Wilhelm Graf Baudissin 1866–1890 |
| 44 | *Reiner Haussherr, Bonn* | Michelangelos Kruzifixus für Vittoria Colonna. Bemerkungen zu Ikonographie und theologischer Deutung |
| 45 | *Gerd Kleinheyer, Regensburg* | Zur Rechtsgestalt von Akkusationsprozeß und peinlicher Frage im frühen 17. Jahrhundert. Ein Regensburger Anklageprozeß vor dem Reichshofrat. Anhang: Der Statt Regenspurg Peinliche Gerichtsordnung |
| 46 | *Heinrich Lausberg, Münster* | Das Sonett *Les Grenades* von Paul Valéry |
| 47 | *Jochen Schröder, Bonn* | Internationale Zuständigkeit. Entwurf eines Systems von Zuständigkeitsinteressen im zwischenstaatlichen Privatverfahrensrecht aufgrund rechtshistorischer, rechtsvergleichender und rechtspolitischer Betrachtungen |
| 48 | *Günther Stökl, Köln* | Testament und Siegel Ivans IV. |
| 49 | *Michael Weiers, Bonn* | Die Sprache der Moghol der Provinz Herat in Afghanistan |
| 50 | *Walther Heissig (Hrsg.), Bonn* | Schriftliche Quellen in Moġolī. 1. Teil: Texte in Faksimile |
| 51 | *Thea Buyken, Köln* | Die Constitutionen von Melfi und das Jus Francorum |
| 52 | *Jörg-Ulrich Fechner, Bochum* | Erfahrene und erfundene Landschaft. Aurelio de'Giorgi Bertòlas Deutschlandbild und die Begründung der Rheinromantik |
| 53 | *Johann Schwartzkopff (Red.), Bochum* | Symposium ‚Mechanoreception' |
| 54 | *Richard Glasser, Neustadt a. d. Weinstr.* | Über den Begriff des Oberflächlichen in der Romania |
| 55 | *Elmar Edel, Bonn* | Die Felsgräbernekropole der Qubbet el Hawa bei Assuan. II. Abteilung: Die althieratischen Topfaufschriften aus den Grabungsjahren 1972 und 1973 |
| 56 | *Harald von Petrikovits, Bonn* | Die Innenbauten römischer Legionslager während der Prinzipatszeit |
| 57 | *Harm P. Westermann u. a., Bielefeld* | Einstufige Juristenausbildung. Kolloquium über die Entwicklung und Erprobung des Modells im Land Nordrhein-Westfalen |
| 58 | *Herbert Hesmer, Bonn* | Leben und Werk von Dietrich Brandis (1824–1907) – Begründer der tropischen Forstwirtschaft. Förderer der forstlichen Entwicklung in den USA. Botaniker und Ökologe |
| 59 | *Michael Weiers, Bonn* | Schriftliche Quellen in Moġolī, 2. Teil: Bearbeitung der Texte |
| 60 | *Reiner Haussherr, Bonn* | Rembrandts Jacobssegen<br>Überlegungen zur Deutung des Gemäldes in der Kasseler Galerie |
| 61 | *Heinrich Lausberg, Münster* | Der Hymnus ›Ave maris stella‹ |
| 62 | *Michael Weiers, Bonn* | Schriftliche Quellen in Moġolī, 3. Teil: Poesie der Mogholen |
| 63 | *Werner H. Hauss, Münster<br>Robert W. Wissler, Chicago,<br>Rolf Lehmann, Münster* | International Symposium 'State of Prevention and Therapy in Human Arteriosclerosis and in Animal Models' |
| 64 | *Heinrich Lausberg, Münster* | Der Hymnus ›Veni Creator Spiritus‹ |
| 65 | *Nikolaus Himmelmann, Bonn* | Über Hirten-Genre in der antiken Kunst |
| 66 | *Elmar Edel, Bonn* | Die Felsgräbernekropole der Qubbet el Hawa bei Assuan. Paläographie der althieratischen Gefäßaufschriften aus den Grabungsjahren 1960 bis 1973 |
| 67 | *Elmar Edel, Bonn* | Hieroglyphische Inschriften des Alten Reiches |
| 68 | *Wolfgang Ehrhardt, Athen* | Das Akademische Kunstmuseum der Universität Bonn unter der Direktion von Friedrich Gottlieb Welcker und Otto Jahn |
| 69 | *Walther Heissig, Bonn* | Geser-Studien. Untersuchungen zu den Erzählstoffen in den „neuen" Kapiteln des mongolischen Geser-Zyklus |
| 70 | *Werner H. Hauss, Münster<br>Robert W. Wissler, Chicago* | Second Münster International Arteriosclerosis Symposium: Clinical Implications of Recent Research Results in Arteriosclerosis |

*Sonderreihe*

PAPYROLOGICA COLONIENSIA

| | |
|---|---|
| Vol. I | |
| *Aloys Kehl, Köln* | Der Psalmenkommentar von Tura, Quaternio IX |
| Vol. II | |
| *Erich Lüddeckens, Würzburg,*<br>*P. Angelicus Kropp O. P., Klausen,*<br>*Alfred Hermann und Manfred Weber, Köln* | Demotische und Koptische Texte |
| Vol. III | |
| *Stephanie West, Oxford* | The Ptolemaic Papyri of Homer |
| Vol. IV | |
| *Ursula Hagedorn und Dieter Hagedorn, Köln,*<br>*Louise C. Youtie und Herbert C. Youtie, Ann Arbor* | Das Archiv des Petaus (P. Petaus) |
| Vol. V | |
| *Angelo Geißen, Köln* | Katalog Alexandrinischer Kaisermünzen der Sammlung des Instituts für Altertumskunde der Universität zu Köln<br>Band 1: Augustus-Trajan (Nr. 1–740)<br>Band 2: Hadrian-Antoninus Pius (Nr. 741–1994)<br>Band 3: Marc Aurel-Gallienus (Nr. 1995–3014) |
| Vol. VI | |
| *J. David Thomas, Durham* | The epistrategos in Ptolemaic and Roman Egypt<br>Part 1: The Ptolemaic epistrategos<br>Part 2: The Roman epistrategos |
| Vol. VII | Kölner Papyri (P. Köln) |
| *Bärbel Kramer und Robert Hübner (Bearb.), Köln* | Band 1 |
| *Bärbel Kramer und Dieter Hagedorn (Bearb.), Köln* | Band 2 |
| *Bärbel Kramer, Michael Erler, Dieter Hagedorn und Robert Hübner (Bearb.), Köln* | Band 3 |
| *Bärbel Kramer, Cornelia Römer und Dieter Hagedorn (Bearb.), Köln* | Band 4 |
| Vol. VIII | |
| *Sayed Omar (Bearb.), Kairo* | Das Archiv des Soterichos (P. Soterichos) |
| Vol. IX | Kölner ägyptische Papyri (P. Köln ägypt.) |
| *Dieter Kurth, Heinz-Josef Thissen und Manfred Weber (Bearb.), Köln* | Band 1 |
| Vol. X | |
| *Jeffrey S. Rusten, Cambridge, Mass.* | Dionysius Scytobrachion |

GPSR Compliance

*The European Union's (EU) General Product Safety Regulation (GPSR) is a set of rules that requires consumer products to be safe and our obligations to ensure this.*

*If you have any concerns about our products, you can contact us on ProductSafety@springernature.com*

In case Publisher is established outside the EU, the EU authorized representative is:

Springer Nature Customer Service Center GmbH
Europaplatz 3
69115 Heidelberg, Germany

**Batch number: 10809636**

Printed by Printforce, the Netherlands